电子商务人才培养系列教材·服务岗位群

商务礼仪

◎主　　编：徐程际

◎副 主 编：黄先竹　梁　勇

◎参　　编：冯邦艳　李慧英　陈冬梅

電子工業出版社

Publishing House of Electronics Industry

北京·BEIJING

内 容 简 介

本书采用项目任务式设计，共六个项目，以案例为引导，学以致用，内容包括礼仪与商务礼仪概述、商务人员形象设计、商务交往礼仪、商务办公礼仪、商务活动礼仪和商务仪式礼仪。本书坚持传授基础知识与培养专业技能并重，强化学生的职业素养和专业知识积累。本书注重理实结合，旨在培养学生的商务礼仪知识和实践能力，提升个人职业形象和沟通技巧。

本书不仅适用于职业院校电子商务等专业的学生，也是商务人员和职场新人提升职业素养的实用指南。

图书在版编目（CIP）数据

商务礼仪 / 徐程际主编. -- 北京 : 电子工业出版社，2025. 2. -- ISBN 978-7-121-49917-3

Ⅰ. F718

中国国家版本馆 CIP 数据核字第 20257WS080 号

责任编辑：罗美娜
印　　刷：北京建宏印刷有限公司
装　　订：北京建宏印刷有限公司
出版发行：电子工业出版社
　　　　　北京市海淀区万寿路 173 信箱　邮编　100036
开　　本：880×1 230　1/16　印张：10.75　字数：247.68 千字
版　　次：2025 年 2 月第 1 版
印　　次：2025 年 8 月第 2 次印刷
定　　价：39.00 元

凡所购买电子工业出版社图书有缺损问题，请向购买书店调换。若书店售缺，请与本社发行部联系，联系及邮购电话：（010）88254888，88258888。

质量投诉请发邮件至 zlts@phei.com.cn，盗版侵权举报请发邮件至 dbqq@phei.com.cn。

本书咨询联系方式：（010）88254617，luomn@phei.com.cn。

前　言

PREFACE

在当今这个快速发展的商业环境中，商务礼仪已经成为构建人际关系、深化合作的关键要素。它不仅彰显了商务人员个人的职业素养，更是企业文化不可或缺的一部分。随着社会对职业技能要求的不断提高，职业教育肩负起培养高素质技能型人才的重要使命。商务礼仪作为职场的必备技能之一，其重要性日益凸显。

为了适应这一趋势，本书的编写团队深入研究了职业院校电子商务相关专业的现状与发展趋势，聚焦于典型职业活动和岗位要求，以培养高素质商务技能人才为目标，优化商务礼仪知识点和技能点，致力于打造一本内容全面、实用的商务礼仪学习用书。

在内容架构上，本书充分考虑到职业院校学生的独特性和实际需求，采用项目任务式设计，以案例为引导，理论与实践相结合。全书共六个项目，内容包括礼仪与商务礼仪概述、商务人员形象设计、商务交往礼仪、商务办公礼仪、商务活动礼仪、商务仪式礼仪。通过引导案例、知识讲堂、礼仪故事等多个教学环节，帮助学生深刻理解和熟练掌握商务礼仪的核心知识。

本书具有针对性和实用性，紧密围绕职业院校学生的发展方向与岗位需求，精心挑选相关案例和知识点，确保教材内容贴近实际、易于理解。此外，本书特别强调实践能力的培养，通过价值导向教学案例、礼仪实训等互动环节，使学生能够在实践中学习，在学习中实践，从而全面提升商务礼仪的应用能力。

本书由徐程际担任主编，黄先竹、梁勇担任副主编，冯邦艳、李慧英、陈冬梅参与编写。

由于编者水平有限，书中难免存在疏漏之处，恳请广大读者批评指正！

编　者

目　录

CONTENTS

项目一

礼仪与商务礼仪概述

项目导读

礼仪，作为人类社会文明的重要产物，是人们在相互交往中形成的行为规范和准则，它涵盖了言谈举止、服饰仪容、待人接物等多个方面。礼仪不仅体现了一个人的文化修养和道德品质，更是一个国家、一个民族文明程度的重要标志。在漫长的人类历史长河中，礼仪始终伴随着人们的生产生活，成为维系人际关系、促进社会和谐的重要纽带。

商务礼仪，作为礼仪在商务领域的具体应用，是现代商业活动中不可或缺的重要组成部分。它涉及商务活动的各个环节，包括商务会议、谈判、宴请、社交等多个方面，是商业交往中应该遵循的行为规范和准则。商务社交场景如图 1-1 所示。商务礼仪不仅展现了一名商务人员的专业素养和职业道德，更代表了企业的形象和品牌价值。

图 1-1　商务社交场景

本项目将带领学生走进礼仪的世界，领略其博大精深和独特魅力。通过学习并运用礼仪与商务礼仪的规范和准则，学生能够提升个人职业素养、塑造企业形象并促进商业合作与发展。在未来的商业竞争中，那些注重礼仪、懂得尊重他人并善于沟通的商务人员和企业会脱颖而出并取得成功。

学习目标

知识目标

1. 掌握礼仪、商务礼仪的含义。
2. 了解商务礼仪的作用和准则。

能力目标

1. 能分析当前商务礼仪实践中存在的问题。
2. 能根据商务礼仪的准则，自觉遵守商务礼仪规范。

素质目标

1. 陶冶道德情操，养成良好礼仪习惯，提升职业素养。
2. 践行社会主义核心价值观，成为举止得体、谈吐优雅、有品位的商务人员。

引导案例

某职业院校电子商务专业的学生小李，即将参加一场由本地商会举办的商务交流会。在交流会上，他将有机会与来自不同行业的企业家、经理人进行交流，也可能遇到潜在的雇主或合作伙伴。为了这次交流会，小李做了一些准备，包括整理自己的着装、学习基本的商务礼仪知识等。

【思考】

1. 小李应该如何选择自己的着装？他需要考虑哪些因素？着装的选择对他在交流会上的形象有何影响？

2. 小李需要了解哪些基本的商务礼仪知识？这些礼仪知识在哪些环节会用到？如果小李在交流会上遇到不熟悉的礼仪情况，他应该如何应对？

3. 在交流会上，小李应该如何与他人交谈？他应该如何表达自己的想法和观点？在交谈中，他应该避免哪些话题或行为？

4. 虽然本案例主要讨论的是线下交流会的礼仪，但在现代商务活动中网络交流也占据着重要地位。小李在参加交流会之前，是否应该通过网络了解与会人员的基本信息？在交流会上，他是否应该与他人交换联系方式，以方便后续的网络交流？

5. 如果交流会上有来自不同国家或地区的人，小李应该如何处理文化差异带来的礼仪问题？他应该如何做到尊重并理解不同的文化习惯？

6. 交流会结束后，小李应该如何反思自己的表现？在未来的商务活动中，他应该如何更好地运用礼仪与商务礼仪知识？

知识讲堂

任务1 礼仪概述

礼仪，作为人类社会独特的文化成果，伴随着人类文明的不断进步和发展，如今已成为现代社会中不可或缺的元素。它不仅仅体现为外在的行为规范与举止方式，更深刻地蕴含了个人内在的修养层次与精神追求，是衡量个体综合素质与社会文明程度的重要标尺。

一、礼仪的历史渊源

礼仪的产生可以追溯到原始社会，当时人类为了表达对自然和祖先的敬畏，逐渐形成了各种祭祀仪式和社会活动。在这些活动中，人们开始注重行为规范和仪式的表达，从而逐渐发展出了一套相对固定的礼仪制度。史前活动壁画如图 1-2 所示。

图 1-2 史前活动壁画

（一）中国礼仪的渊源

礼仪，指礼节和仪式，包括“礼”和“仪”两部分内容。按照《说文解字》的解释：“礼，履也。所以事神致福也。”人类最初的礼仪主要是对大自然的，表达了人类对神秘不可知的自然界的敬畏和祈求。后来，这种敬畏逐渐地扩展到人类自身，首先转到那些在人类与自然界的斗争中创造了奇迹、做出了贡献的先贤先哲。

随着人类社会的进步，人们表达敬畏和进行祭祀的活动日益频繁，逐渐发展出一系列固定的行为模式，最终形成礼仪规范。

中国礼仪的渊源可以追溯到远古时期，它与中国的传统文化、哲学思想和道德准则紧密相连。在儒家思想中，礼仪是社会秩序与个人品德修养的重要体现。孔子及其弟子对礼仪进行了系统的整理和阐述，强调礼仪在维护社会秩序和人际关系中的作用。儒家经典《礼记》中详细记载了各种礼仪规范，为后世提供了礼仪实践的准则。此外，道家、法家等其他学派也对礼仪有所贡献，形成了多元而丰富的礼仪文化。随着历史的发展，礼仪逐渐融入中国的政治、经济、文化等各个方面，成为中国传统文化的重要组成部分。

小贴士

☛经典名言，探寻礼仪真章

“礼之用，和为贵。”

——《论语》

这句话强调了礼仪在促进和谐关系中的作用，对商务礼仪而言，和谐相处是建立长期合作关系的关键。

“君子不失足于人，不失色于人，不失口于人。”

——《礼记》

这句话教导我们在任何情况下都要保持得体的举止，对于商务人员而言，意味着在商务场合中要保持专业的形象和言行。

“不学礼，无以立。”

——《论语》

强调了学习和实践礼仪对于个人在社会中立足的重要性，对于商务人员来说，掌握商务礼仪是职业成功的基石。

“礼者，所以正身也；师者，所以正礼也。”

——《荀子》

这句话突出了礼仪对于个人品德修养的重要性，商务礼仪则是规范商务行为、展现职业素养的一种方式。

（二）西方礼仪的渊源

西方礼仪的渊源可以追溯到古代，其发展与西方社会的历史和文化密不可分。最初，礼仪一词在法语中为“etiquette”，原意为“法庭上的通行证”，但传入英文后，其含义演变成“人际交往的通行证”。西方礼仪萌芽受到古希腊和古罗马文化的影响，这些文化中的尊重、谦逊和优雅等价值观成为西方古典礼仪文化的主要特点。在古希腊和古罗马时期，礼仪不仅是社会交往中不可或缺的一部分，还反映了当时的社会秩序和人际关系。

小贴士

☞名人慧语，解锁礼仪密码

“美德是精神上的一种宝藏，但是使它生出光彩的则是良好的礼仪。”

——[英]约翰·洛克

这句话说明了美德与礼仪之间的关系，商务礼仪不仅能够展现个人的美德，还能够提升商务交往的品质和效率。

“一个人的礼貌就是一面照出他的肖像的镜子。”

——[德]歌德

这句话揭示了个人礼貌与其内在品质的联系，在商务场合中，礼貌的举止能够反映出一个人的专业素养和品格。

二、中国礼仪的发展

（一）礼仪的形成

中国礼仪的发展历史可谓源远流长。早在周代，已形成较为完备的礼仪体系。周公制礼作乐，奠定礼乐文化的基础。春秋战国时期，诸子百家对礼仪各有诠释与实践，儒家尤重礼仪，视其为治国平天下的重要工具。秦汉时期，随着中央集权的加强，礼仪制度进一步规范化，成为维护社会秩序的重要手段。

（二）礼仪的变革

随着历史的演变，中国礼仪也经历了多次变革。魏晋南北朝时期，社会动荡、民族融合，礼仪遭遇冲击，出现新的变化。隋唐时期，国家统一、文化繁荣，礼仪制度得以恢复与发展，特别是唐代的礼仪制度对后世影响深远。宋明理学的兴起，礼仪观念进一步深化，强调内心修养与外在行为的统一。

（三）封建礼仪的僵化和衰落

明清两代，封建礼仪到达顶峰，礼仪成为规范人们思想与行为的重要力量，通过科举制度选拔官员，科举考试中对儒家经典的学习，使礼教思想深入人心。然而，封建社会的僵化与外来文化的冲击，让封建礼仪逐渐显现出局限性。晚清时期，西方文化的输入使得封建礼仪面临挑战、逐渐衰落。

（四）现代礼仪

步入现代社会，随着社会结构与价值观念的变化，中国礼仪仍在不断演进与更新。现代礼仪更注重平等、尊重、友好、互助，摒弃了封建礼仪中的陈旧观念。在国际交流日益频繁的背景下，中国的现代礼仪也吸收融合了国际礼仪的元素，呈现出更加开放与包容的风范。

三、礼仪的特征

礼仪是指在一定社会结构下，国际交往、社会交往和人际交往中表达尊敬、善意、友好的方式、行为和规范，以及实施交往行为过程中体现在语言、仪表、仪态、气质、风度等方面的外在表现。

礼仪具有一些自身独有的特征，主要表现在规范性、限定性、可操作性、传承性和变动性五个方面。

（一）规范性

礼仪是人们在各种社交场合待人接物时需要遵守的行为规范。礼仪不仅约束着人们在社交场合的言语表达和行为举止，确保它们符合礼仪标准，同时，礼仪也作为一种普遍认可的“交际媒介”，在各类社交场合中被广泛采用，成为衡量他人行为是否得体、判断自己是否展现出得体与尊重的重要标尺。

（二）限定性

礼仪适用于一定范围内的人际交往与应酬，在这个特定范围内，礼仪是行之有效的，离开了这个特定的范围，礼仪则未必适用。

（三）可操作性

礼仪的可操作性体现在其具体行为规范和实践指南上。在日常生活中，礼仪要求我们遵守一定的行为准则，例如，在公共场合保持安静、排队等候、使用礼貌用语、尊重他人隐私等。在商务环境中，礼仪则包括着装规范、会议中的发言顺序、名片交换的正确方式、商务宴请的餐桌礼仪等。这些行为规范不仅有助于维护良好的个人形象，还能促进和谐的人际关系，提高工作效率。因此，礼仪的可操作性在于其明确的指导原则和行为模式，使得人们能够根据不同的社交场合和文化背景，采取恰当的行为。

（四）传承性

礼仪的传承性是指礼仪作为一种文化现象和社会规范，在历史的长河中被一代代人继承和发扬。礼仪的传承性体现在以下几个方面。

首先，礼仪是社会文明进步的标志，它随着社会的发展而演变，但其核心价值和基本原则往往保持稳定，从而实现文化的连续性。

其次，礼仪的传承性还体现在家庭教育中。父母和长辈通过言传身教，将礼仪规范传授给下一代，使之成为社会成员共同遵守的行为准则。

再次，礼仪的传承性也表现在各种文化活动和仪式中。无论是文化仪式、节日庆典还是官方活动，礼仪都扮演着重要的角色，通过这些活动的举行，礼仪得以在社会中不断传播和强化。

最后，随着信息技术的发展，礼仪的传承也跨越了地域和时间的限制。书籍、社交媒体、影视作品等媒介使得礼仪知识更加普及，促进了礼仪文化的全球传播。

礼仪的传承性是确保文化稳定和社会和谐的重要因素，它不仅维护了社会秩序，还促进了文化的交流与发展。

（五）变动性

从本质上讲，礼仪可以说是一种社会历史发展的产物，并具有鲜明的时代特点。一方面，它是在人类长期的社交活动实践之中形成、发展、完善起来的，不能凭空杜撰、一蹴而就，不能完全脱离特定的历史背景。另一方面，社会的发展和历史的进步使得社交活动不断出现新特点、新问题，这便要求礼仪有所变化、有所进步，推陈出新，与时代发展同步，以适应新形势下的新要求。

四、礼仪的原则

在日常生活中，学习、应用礼仪时，有必要在宏观上掌握一些具有普遍性、指导性的礼仪规律，这些礼仪规律就是礼仪的原则。

（一）自觉遵守原则

在交际应酬之中，每一位参与者都应该自觉、自愿地遵守礼仪，用礼仪去规范自己在社交活动中的一言一行、一举一动。

（二）自律原则

从总体上来看，礼仪规范由对自己的要求与如何对待他人两大部分构成。对自己的要求是礼仪的基础和出发点。学习礼仪、应用礼仪，最重要的就是要自我要求、自我约束、自我控制、自我对照、自我反省，这就是所谓的自律原则。

（三）互相尊重原则

孔子曾经对礼仪的核心思想进行概括，即："礼者，敬人也。"所谓敬人，就是要求人们在社交活动中，与交往对象既要互谦互让、互尊互敬、友好相待、和睦共处，更要将对交往对象的重视、恭敬、友好放在第一位。

（四）宽容原则

宽容原则的基本含义是要求人们在社交活动中运用礼仪时，要严于律己，更要宽以待人。

（五）平等原则

在具体运用礼仪时，允许因人而异，即根据不同的交往对象，采取不同的具体方法表示礼貌。但是必须强调的是，在礼仪的核心点即尊重交往对象、以礼相待上，对任何交往对象都要一视同仁，给予同等程度的礼遇。

（六）求同存异原则

由于国情、民族、文化背景的不同，在人际交往中实际上存在着"百里不同风，千里不同俗"的情况。对这一客观现实要有正确的认识，不要自高自大、唯我独尊，不要简单地否定其他人不同于自己的做法，应尊重差异、寻求共同点，促进相互理解与和谐共处。

（七）真诚原则

礼仪上所讲的真诚原则，就是要求在人际交往中运用礼仪时，应诚以待人，要诚心诚意、诚实无欺、言行一致、表里如一。

（八）适度原则

适度原则要求应用礼仪时，为了保证取得成效，应注意运用技巧，做到把握分寸、恰当得体。

五、礼仪的内涵与应用

（一）礼仪的内涵

礼仪的内涵是指礼仪的本质和核心价值，它包括尊重、谦逊、礼貌和得体。礼仪的外延则是指这些核心价值在不同场合和情境中的具体表现形式。

1．尊重

在任何社交场合，尊重他人是礼仪的基础。这包括尊重他人的意见、隐私、文化背景和个人空间。例如，在会议中，尊重他人发言，不打断别人讲话，这是基本的礼仪要求。

2．谦逊

谦逊意味着不自大、不炫耀，能够恰当地评估自己的能力和成就。在职场中，谦逊的态度有助于建立良好的人际关系，例如，接受同事的建议并表示感谢。

3．礼貌

礼貌是通过言语和行为表达对他人的尊重。这包括使用礼貌用语，如“请”“谢谢”“对不起”，以及在适当的时候微笑和点头。例如，在餐厅用餐时，对服务员说“请”和“谢谢”体现了基本的餐桌礼仪。

4．得体

得体的行为是指在特定场合下，按照社会公认的标准做出恰当的行为。例如，在正式的商务宴请中，穿着得体、准时到达、遵循餐桌礼仪都是体现个人修养和专业性的得体行为。

（二）礼仪在不同场景中的应用

1．在办公室中，当同事取得成就时，及时给予祝贺，表达真诚的赞赏，这是尊重和礼貌的体现。

2．在公共交通工具上，给需要帮助的人让座，展现了谦逊和对他人的关怀。

3．在商务会议中，提前准备并准时出席，穿着符合会议性质的服装，体现专业性和对会议的尊重。

4．在家庭聚会或朋友聚会上，了解并遵守餐桌礼仪，如正确使用餐具、等待主人示意开始用餐等，可以营造和谐愉快的氛围。

5．在国际社交场合中，了解并尊重不同国家的文化习俗和礼仪，是跨文化交流中不可或缺的礼仪要求。

6. 在电子邮件或社交媒体上，使用恰当的语言和格式，避免使用不正式或可能引起误解的缩写和表情符号，体现网络沟通中的礼仪规范。

六、礼仪的功能与作用

礼仪的功能与作用体现在多个层面，它不仅关乎个人形象，还影响着社会交往和组织运作。

1. 社交的调和剂

礼仪能够减少社交摩擦，促进人际关系的和谐。例如，在商务场合中，恰当的问候和握手可以迅速建立信任感。

2. 形象塑造

个人的礼仪表现直接关系到他人对其的第一印象。例如，在求职面试时，得体的着装和礼貌的举止能够给面试官留下良好印象。

3. 文化传承

礼仪是文化的重要组成部分，它承载并传递着民族的传统和价值观。例如，春节向长辈、亲友拜年，清明节祭祖扫墓等，都是文化礼仪的体现。

4. 规范行为

礼仪为人们在不同场合的行为提供了规范，帮助人们知道在特定情境下应如何表现。例如，在正式晚宴上，正确使用餐具和遵循用餐顺序就是一种礼仪规范。

5. 解决冲突

在发生误解或冲突时，恰当的礼仪能够缓和紧张的气氛，有助于冲突的解决。例如，当工作中出现意见不合时，礼貌的沟通和倾听可以避免矛盾升级。

6. 提升效率

在组织内部，良好的礼仪能够促进团队合作，提高工作效率。例如，会议中尊重他人发言，不打断别人讲话，可以确保会议顺利进行。

7. 增强说服力

在商业谈判或演讲中，恰当的礼仪能够增强个人的说服力。例如，使用恰当的肢体语言和眼神来加强信息的传递。

七、礼仪的修养与实践

礼仪的修养与实践是个人素质的重要体现，它涵盖了从基本的日常行为规范到复杂的社会交往技巧。

礼仪的修养是指个人在日常生活中，通过不断的学习和实践，培养出尊重他人和自我约束的行为习惯。这涵盖了个人形象的塑造、言谈举止的得体表现、社交场合的恰当应对等方面。礼仪的实践则是指将这些行为准则应用到实际生活和工作中，通过具体的行动表现出来。

以下是常见礼仪的实践。

1．个人形象管理：包括着装、仪容、体态等。

2．言谈技巧：如礼貌用语、认真倾听、表达清晰、避免打断他人等。

3．非语言沟通：包括肢体语言、面部表情、眼神交流等。

4．社交礼仪：如握手、名片交换、餐桌礼仪、会议礼仪等。

5．文化差异：了解不同文化背景下的礼仪差异，避免文化冲突。

任务 2　商务礼仪概述

在现代的商业社会中，礼仪扮演着举足轻重的角色，它不仅是沟通往来的必要桥梁，还是塑造个人和企业形象的关键手段。在频繁的商业交往中，恰到好处的商务礼仪不仅能够有效促进信息的传递和理解的深入，还能展现出一种专业的风范和企业的独特魅力。因此，无论是初次见面还是长期合作，我们都应当高度重视商务礼仪的运用，以此来提高商业交往的效率。

一、商务礼仪的含义

商务礼仪是指在商业交往中商务人员所遵循的一系列行为规范与准则，其宗旨是传递敬意、建立和谐的人际关系、促进交流与合作。商务礼仪涵盖了着装、言谈、举止、人际交往、会议组织、谈判技巧、宴请安排等多个层面，为商务活动提供了明确的行为指南。

尊重他人是商务礼仪的核心，这既包括对个人尊严的维护，也涉及对对方公司、文化及习俗的敬意。良好的商务礼仪能够帮助商务人员在国内及全球的商业环境中树立正面形象，保障商务活动的顺畅开展。

二、商务礼仪的作用

当前，商务礼仪之所以备受推崇和重视，主要是因为它具有多种重要的功能，既有助于商务活动的开展，又有利于企业和社会的发展。商务礼仪的作用如下所述。

（一）有助于提高商务人员的自身修养

在人际交往中，礼仪往往是衡量一个人自身修养的准绳。它不仅反映着一个人的交际技巧与应变能力，还反映了一个人的气质风度、阅历见识、道德情操、精神风貌。

（二）有助于塑造商务人员的良好形象

个人形象，是一个人仪容、仪表、行为举止、谈吐的集中体现，而商务礼仪在这些方面都有详尽的规范。良好的个人形象如图 1-3 所示。

图 1-3 良好的个人形象

（三）商务礼仪是塑造企业形象的重要工具，有助于提高企业的经济效益

对企业来说，商务礼仪是企业价值观念、道德观念、员工素质的整体体现，是企业文明程度的重要标志。

1．商务礼仪能够展示企业的专业精神和严谨态度。

在商务会议、谈判或其他正式场合中，遵循适当的礼仪规范，如准时到场、穿着得体、言行举止恰当等，都能给合作伙伴留下专业、可靠、严谨的印象。

2．商务礼仪能够增强合作伙伴之间的信任感。

通过细致的关心和尊重，企业能够建立起与合作伙伴之间的深厚关系，为未来的合作奠定坚实基础。

3．商务礼仪是企业文化和品牌形象的直接体现。

通过统一的着装、标准的接待流程等，企业能够将自身的品牌理念和文化价值观传达给外界，提升品牌的知名度和美誉度。

4．商务礼仪有助于提升沟通效果。

在商务交流中，遵循礼仪规范能够使双方更加尊重对方，减少误解和冲突，提高沟通效率和效果。

5．商务礼仪对于跨文化交流具有重要意义。

在全球化背景下，通过了解和尊重不同国家和地区的商务礼仪规范，企业能够更好地适应国际市场环境，提升在国际舞台上的竞争力。

6．商务礼仪有助于提升企业形象。

通过商务礼仪培训能够提升员工的个人素质和职业形象，员工在掌握了商务礼仪知识后，能够更好地代表企业与客户进行沟通，提升企业的整体形象。

7．商务礼仪能够帮助企业在遭遇危机时维护良好的形象。

在危机事件中，企业如果能够应用恰当的商务礼仪及时地处理与合作伙伴、媒体和公众的关系，展现出高度的责任感和诚信度，将有助于减少负面影响，维护企业形象。

（四）商务礼仪有助于促进商务人员的社会交往，改善人际关系

古人认为："世事洞明皆学问，人情练达即文章。"这句话讲的其实就是社会交往的重要性，一个人只要同其他人打交道，就不能不讲礼仪。恰当运用商务礼仪，除了可以使商务人员在社会交往中充满自信、胸有成竹、处变不惊之外，还能够帮助商务人员规范彼此的行为举止，更好地向交往对象表达自己的尊重、敬佩、友好与善意，增进彼此之间的了解与信任，从而推动商务活动的顺利进行。

三、商务礼仪的准则

（一）认清立场

根据待客之道，主方一般为保护者，而客方则是被保护者的角色。

1．在接待宾客时，主方往往走在客方的左前方。

2．上下楼梯要特别注意。上楼梯时主方应让客方走在前方，以防止对方不慎跌落；下楼梯时则让客方走在后面，以方便领路和保护。

3．作为一个引导者，主方应走在客方的前方为其引领方向，且在转弯处、楼梯间及进出电梯时都应放慢脚步，等候客人跟上，这些细节可表现出主方体贴客方的心意。

4．进电梯时主方先让客方进入，出电梯时让客方先出，以免电梯门不慎夹到客方。电梯礼仪如图 1-4 所示。

图 1-4　电梯礼仪

以上所述看似是小事，实则不然。这些事情不仅可以反映出主方的礼仪修养，更能让客方由此感受到主方的真诚与可靠。

（二）遵时守信

在商业文化的核心价值中，守信占据着至关重要的地位。守信不仅是商业合作的基石，更是企业长远发展的根本保障。而遵时，正是守信这一价值观在日常商业行为中的具体体现。

遵时不仅意味着对时间的精准把握，更代表着对合作伙伴承诺的尊重和对自身职责的履行。在严谨、稳重、理性的商业环境中，一个遵时的商务人员将赢得广泛的信任和尊重，为企业的发展奠定坚实基础。

（三）尊重他人

在商务活动中，尊重他人是最基本的准则。尊重他人有如下几种表现。

1．具备良好的介绍礼仪。

2．名片是一个人的象征，因此，收放名片均要适当，这也是尊重自己及尊重别人的表现。递送名片如图 1-5 所示。

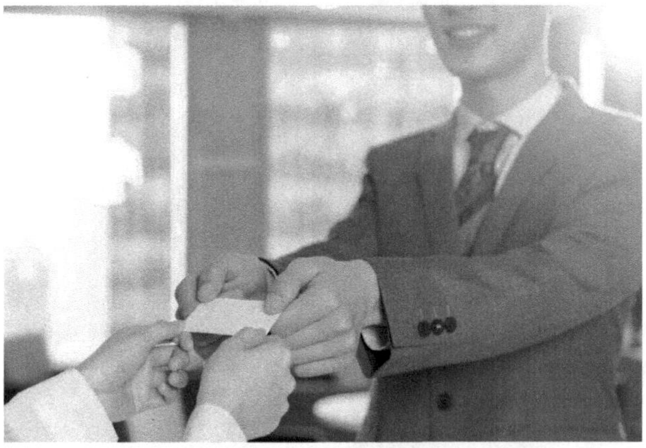

图 1-5　递送名片

3．无论是指引还是介绍，都不可以用手指指向他人。

4．在商务交流中，认真倾听他人的意见和需求，并用清晰、礼貌的语言进行沟通。

（四）多用商量语气

在商务礼仪中，如何与对方商量是一门艺术，对商务人员而言尤其重要。当我们有需要请求他人协助或合作的时候，应采用询问和商量的语气。这样可以显示出对对方的尊重，同时也有助于营造良好的沟通氛围，使双方更容易达成共识。

（五）避免惊吓他人

避免惊吓他人是商务礼仪中应该遵循的准则。以下一些情况应予以特别注意。

1．会议进行中，如笔、记录本等物品不慎掉落需要捡拾，应先向身旁的人致歉，然后再俯身去捡拾，可以说“对不起，我捡支笔”。

2．走路或与人交谈时，尽量避免把手放在口袋里，因为这样会使他人缺乏安全感，并易给人留下为人轻浮、无所事事的印象。

3．用餐时不可用刀、叉、筷子等尖锐的东西指向他人，因为这样会使别人产生恐惧感。

（六）尊重他人隐私

每个人都希望拥有私人空间，所以在商务活动中不要随意谈论他人隐私。与他人交谈时，如果对方不愿主动提及某事，必有其原因或难言之隐，此刻最不应该有的态度就是“打破砂锅问到底”。相反，应当保持尊重和理解，给予对方足够的空间。

四、商务礼仪的具体内容

（一）商务场合的着装礼仪

在商务场合中，着装是展现个人形象的重要方面。一般来说，商务场合的着装应该遵循“整洁、大方、得体”的原则，避免过于花哨和暴露的服装。男士通常应穿着西装、领带、皮鞋等正式服装；女士则可以选择套装、裙装等优雅得体的服装。商务场合着装如图 1-6 所示。

图 1-6　商务场合着装

（二）商务言谈举止礼仪

在商务交往中，言谈举止是展现个人素养和形象的重要方面。在言谈方面，应注意语言文明、表达清晰、态度友善；在举止方面，则应注意姿态端正、动作优雅，避免有可能被视为不尊重他人的动作和表情。

（三）商务会议礼仪

商务会议是商业交往中的重要环节。在商务会议中，应遵守会议纪律，尊重主持人和其他与会人员，积极参与讨论等。同时，还应注意会议中的座次安排、发言顺序等礼仪规范。

（四）商务谈判礼仪

商务谈判是商业交往中的关键环节。在商务谈判中，应遵守谈判纪律，尊重对方意见，保持冷静和理智等。同时，还应注意谈判中的策略运用、语言表达等礼仪技巧。商务谈判如图 1-7 所示。

图 1-7 商务谈判

（五）商务宴请礼仪

商务宴请是商业交往中的常见活动。在商务宴请中，应遵守宴会礼仪，尊重主人和其他宾客，注意餐桌礼仪等。同时，还应注意宴会中的座次安排、餐具使用等礼仪细节。

五、商务礼仪的实践应用

商务礼仪不仅是一种理论知识的体现，更是一种实践技能的展现。在商业交往中，我们应当将商务礼仪内化于心、外化于行，切实将其融入日常工作的方方面面，确保理论与实践的紧密结合，做到学以致用，以彰显专业形象，促进商务合作的顺利进行。

价值导向教学案例

案例一：国际会议中的礼仪与尊重

情境描述

一场国际会议正在举行，来自不同国家的代表们齐聚一堂，讨论共同关心的问题。会议现场，各国代表需要遵循一定的国际礼仪规范，以展示专业素养。

思政元素

尊重多样性：在国际会议上，代表们有着各自不同的文化背景，尊重彼此的文化差异是建立有效沟通的前提。

全球视野：参与国际会议要求学生具备全球视野，能够理解和尊重不同国家的观点和立场。

导入问题

1. 作为一名代表，你应该如何准备以体现出对其他文化的尊重？

2. 在国际会议中，如果出现文化冲突或误解，你应该如何应对？

案例二：商务拜访中的礼仪与职业素养

情境描述

一名商务人员前往另一家公司进行拜访，目的是建立合作关系。在拜访过程中，他需要遵循一定的商务礼仪，以展示自己的职业素养。

思政元素

职业素养：商务拜访要求学生展示高度的职业素养，包括准时到达、着装适宜、言谈举止得体等。

诚信与合作：建立合作关系需要双方展示诚信和合作意愿，共同推动业务的发展。

导入问题

1. 在商务拜访中，哪些细节能够体现你的职业素养？
2. 如果在拜访过程中遇到突发情况，你会如何处理？

案例三：跨文化商务谈判中的礼仪与沟通

情境描述

一家中国公司与一家美国公司正在进行商务谈判。在谈判过程中，双方需要克服文化差异，运用有效的沟通技巧来达成共识。

思政元素

跨文化沟通：在跨文化商务谈判中，学生需要了解并尊重不同文化的沟通方式和礼仪习惯等。

共赢思维：谈判的目标是寻求双方的共同利益，实现共赢。

导入问题

1. 在跨文化商务谈判中，你应该如何确保自己的沟通方式能够被对方理解和接受？
2. 如果谈判遇到僵局，你应该如何运用共赢思维来寻求解决方案？

知识拓展

春节拜年礼仪

除夕一过就是正月初一，春节拜年礼仪有何讲究？拜年是中国民间的传统习俗，是人们辞旧迎新、相互表达美好祝愿的一种方式。正月初一，家长带领小辈出门拜见亲戚、朋友、尊长，朋友们也互致新春问候，以吉祥之语互相祝贺新春，主人家则以点心、糖果、红包热情款待。

其实，春节拜年学问有很多，春节文化元素是中华优秀传统文化的集中展示。

“拜年”一词，原有的含义是向长者拜贺新年，其中包括向长者叩头施礼、祝贺新年健康如意、问候生活安好等内容。遇到同辈亲友，也要施礼互贺。这种礼仪至今未曾改变，只是在形式上更加多元化了。大年初一，人们都早早起来，穿上漂亮的衣服，打扮得整整齐齐，出门走亲访友，相互拜年，恭祝新年大吉大利。拜年时，晚辈要先给长辈拜年，祝长辈长寿安康，长辈可将事先准备好的压岁钱分发给晚辈，希望晚辈得到压岁钱可以平平安安度过一岁。

拜亲朋也讲究次序，初一拜本家，初二、初三拜母舅、姑丈、岳父等，直至正月十六。这种习俗早在宋朝时就已流行。宋人孟元老在《东京梦华录》卷六中描写北宋汴京时云：“十月一日年节，开封府放关扑三日，士庶自早相互庆贺。”到了清朝年间，拜年礼仪有了升华。清人顾铁卿在《清嘉录》中描写：“男女以次拜家长毕，主者率卑幼，出谒邻族戚友，或只遣子弟代贺，谓之‘拜年’。至有终岁不相接者，此时亦互相往拜于门……”

一般来说，首先拜家里长辈。初一早晨，晚辈起床后，要先向长辈拜年。当然，长辈受拜以后，会将事先准备好的压岁钱分发给晚辈。不能忘记的是向邻居长辈拜年。中国有句古话：远亲不如近邻。所以向邻居长辈拜年仅次于本属长辈，一般说，邻居长辈也会给压岁钱。还有一种就是感谢性的拜年，如曾帮助过自己的朋友、老师、医生等，借拜年之机，表示感恩谢意。

拜年习俗中最隆重的应该说是团拜。团拜，现在已成为国家级礼仪活动了，甚至还带有国际性，一些与中国友好的国家会致电中国政府贺新年；中国驻外使节也会举办春节团拜活动。“团拜”形式，大约起源于清朝时期，在《侧帽余谭》中就曾说过，“京师于岁首，例行团拜，以联年谊，以敦乡情，每岁由值年书红订客，饮食宴会，作竟日欢”。而如今拜年的方式多种多样，发微信、发短信、打电话、寄贺卡等，都是新的拜年形式。拜年如图 1-8 所示。

图 1-8　拜年

礼仪故事

孔子问礼

孔子是春秋时期的著名思想家和教育家，他非常重视礼仪的规范和实践。有一天，孔子听说老子对礼仪有独到的见解，便决定亲自去拜访他，向他请教礼仪之道。孔子见到老子后，毕恭毕敬地向他行了礼，然后提出了自己对礼仪的一些疑问。老子听后，微笑着解答了孔子的问题，并向他阐述了礼仪的深层含义和重要性。在交谈中，孔子深刻领悟到了礼仪不仅是一种外在的表现形式，更是一种内在的修养和精神追求。他感慨地说："吾今日见老子，其犹龙邪！"意思是说，老子对礼仪的理解和实践已经达到了非常高的境界，就像龙一样深不可测。孔子问礼如图 1-9 所示。

图 1-9　孔子问礼

知识巩固

一、选择题

1.【单选】在商务活动中，以下哪一项不符合商务礼仪的基本要求？（　　）

A. 保持微笑　　B. 穿着过于休闲的服装

C. 言简意赅的表述　　D. 尊重他人的观点

2.【单选】商务礼仪在企业形象塑造方面的作用不包括以下哪一项？（　　）

A. 展示企业的专业精神和严谨态度

B. 增强合作伙伴之间的信任感

C. 降低沟通效果

D. 提升沟通效果

二、判断题

1. 商务礼仪是仅限于商务人员在商务活动中的行为规范。 （ ）

2. 对于企业来说，商务礼仪仅有助于提高员工的个人素质。 （ ）

三、问答题

1. 礼仪的特征有哪些？

2. 商务礼仪有哪些作用？

礼仪实训

实训一

【实训背景】

随着社会的发展和国际交流的日益频繁，礼仪在个人形象塑造、社会交往和国际商务中的作用愈发重要。为了提升学生的礼仪修养和实践能力，本次实训旨在通过模拟不同场景，让学生亲身体验和学习如何在实际生活中恰当地运用礼仪知识。

【实训要求】

1. 学生分组模拟以下场景：家庭聚会、校园活动、节日庆典等。

2. 每组需准备并展示一个场景的礼仪规范和行为准则。

3. 模拟过程中，要求学生注意着装、言谈举止等方面的表现。

4. 每组需在模拟结束后进行自我评价，总结礼仪运用中的优点和不足。

5. 教师根据学生的表现给予指导和建议。

【实训提示】

1. 在准备过程中，学生应查阅相关资料，了解不同场景下的礼仪要求。

2. 模拟时，注意观察和学习其他组的表现，做到取长补短。

3. 模拟结束后，思考如何将所学礼仪知识应用到实际生活中，提升个人形象和社会交往能力。

实训二

【实训背景】

随着商业活动的日益频繁，商务礼仪在商业交往中扮演着越来越重要的角色。良好的商务礼仪不仅能提升个人形象，还能增强企业竞争力，促进商务合作的顺利进行。为了让学生更好地理解和掌握商务礼仪，本次实训活动旨在通过模拟实践，让学生亲身体验并运用商务礼仪知识，提高其在实际商务活动中的应用能力。

【实训要求】

1．学生分组模拟各类商务活动，每组选择一个商务场景，如商务会议、商务谈判、商务宴请等。

2．每组学生需根据所选场景，准备相应的商务礼仪知识，并在模拟活动中正确运用。

3．模拟活动应包括着装、言谈举止、名片交换等商务礼仪要素。

4．每组需在活动结束后提交一份实训报告，总结在模拟活动中的表现和发现的问题，并提出改进措施。

【实训提示】

1．在准备过程中，学生应查阅相关资料，了解不同商务场合的礼仪规范。

2．模拟活动前，各组应进行充分的讨论和角色分配，确保每位学生都清楚自己的职责和任务。

3．在模拟活动中，注意观察和记录其他组的表现，以方便进行相互学习和评价。

4．实训结束后，组织一次分享会，让各组展示自己的实训成果，并进行交流讨论。

项目二 商务人员形象设计

项目导读

商务人员形象设计在商务礼仪中占据着举足轻重的地位，它不仅是个人专业素养的外在表现，更是企业形象和品牌价值的直接体现。在竞争激烈的商业环境中，一名举止得体的商务人员往往能够为个人和企业赢得更多的尊重和信任，从而为商业合作与发展奠定坚实的基础。

本项目旨在帮助学生全面理解商务人员形象的重要性，掌握商务人员形象设计的基本原则和核心要素，从而能够在商务活动中展现出最佳的精神风貌和专业素养。商务人员形象如图 2-1 所示。

图 2-1　商务人员形象

除了外在形象的塑造，商务人员形象设计还强调内在素质的提升。一名优秀的商务人员不仅要有得体的外表，更要具备扎实的专业知识、敏锐的商业洞察力、良好的沟通能力和卓越的团队合作精神。这些内在素质的提升需要商务人员在日常工作中不断学习和积累，通过参加培训、阅读专业书籍、与同行交流等方式不断拓宽自己的视野。

学习目标

知识目标

1. 理解个人形象魅力的外在特征和内在特征。
2. 掌握商务人员仪表设计的重要性和具体内容。
3. 学习商务人员仪容设计的基本原则。
4. 了解商务人员仪态设计的具体内容。

能力目标

1. 能够根据场合和需求塑造个人形象魅力。
2. 能够设计和选择合适的商务人员仪表。
3. 能够维护和管理良好的商务人员仪容。
4. 能够展现得体的商务人员仪态。

素质目标

1. 培养学生个人形象管理的意识。
2. 提升商务场合中专业形象的自我塑造能力。
3. 增强在商务活动中展现良好形象的自信心。
4. 形成遵守商务礼仪规范的职业习惯。

引导案例

李先生陪同学到一家知名企业求职。李先生一贯注重个人形象，从他整洁的衣服、干净的指甲、整齐的头发上看，就给人一种精明、干练的感觉。

来到企业人力资源部，临进门前，李先生自觉地擦鞋底，待进入室内后随手将门轻轻关上。见有长者到人力资源部来，他就礼貌地起身让座。人力资源部经理询问他时，尽管有别人谈话的干扰，他也能注意力集中地倾听并准确地予以回答。同人说话时，他神情专注，目不旁视，从容交谈。

这一切，都被来人力资源部查看情况的总经理看在眼里。尽管李先生这次只是陪同学来面试，总经理还是诚邀李先生加入这家企业。现在李先生已成为这家企业销售部的经理。

【思考】

为什么李先生能成为这家企业销售部的经理？

知识讲堂

任务1 个人形象魅力概述

个人形象魅力是商业交往中不可或缺的一部分。通过精心塑造外在形象、提升内在素养和培养得体的言谈举止等方式，我们可以更好地展现自己的个人形象魅力，赢得更多的商业机会和信任。个人形象如图 2-2 所示。

图 2-2 个人形象

一、个人形象魅力的定义

个人形象魅力是指个人在形象、气质、言谈举止等方面所展现出来的吸引力和影响力。

二、个人形象魅力的外在特征

个人形象魅力的外在特征即外表吸引力。外表吸引力可分为两种：一种是静态的外表吸引力，另一种则是由言谈举止所表达的动态吸引力。静态吸引力在人际互动的最初阶段占有一定的优势，而动态吸引力对人际关系的影响更为深远。

三、个人形象魅力的内在特征

（一）人格魅力——真、善、美

个人形象魅力的一个重要内在特征就是具有人格魅力。那些具有较高内在价值的形象，会散发出人格魅力的光芒。尽管东方和西方在文化背景上存在差异，人们对于人格魅力的追求却有着共通之处，那就是对“真、善、美”的向往。

（二）知性魅力——才华

在人际交往中，人们普遍会对具有学识、智慧和才华的人表示敬仰与尊重。所以，人们尊重有知性魅力的人，实际上是尊重他们勤奋学习所付出的汗水。

（三）性格魅力——幽默

有幽默感的人一般都善解人意，他们随和的个性给人以亲近感，这种特质反映出一种性格美，由此也为其增添了魅力。有幽默感的人具有一种化解力，能化解人际交往中的紧张气氛，化解心灵之间由于陌生或成见而形成的距离，化解冷场、过分严肃乃至对立冲突。

四、如何提升个人形象魅力

（一）注重外在形象的塑造

外在形象是个人形象魅力的第一印象，因此要注重仪表、仪容等方面的塑造。要根据自己的身材、气质和具体的场合选择合适的服装，保持干净整洁的仪容，注意站姿、坐姿、走姿等仪态的得体大方。

（二）提升内在素养

内在素养是个人形象魅力的核心，因此要不断提升自己的道德品质、文化素养和专业能力。要树立正确的价值观，注重个人品德的修养；要涉猎广泛的知识领域，丰富自己的文化素养；要不断学习和提升自己的专业能力，保持与时俱进。

（三）培养得体、优雅的言谈举止

言谈举止是个人形象魅力的重要表现，因此要培养优雅、得体的言谈举止。要注重语言表达的清晰、准确和流畅；要掌握一定的交际技巧，善于与他人沟通和交流；要注重礼仪修养的培养，遵守各种商务场合的礼仪规范。

五、个人形象魅力在商业交往中的作用

个人形象魅力在商业交往中扮演着十分重要的角色。首先，它有助于建立信任感，人们倾向于信任那些外表得体、举止自信的人。其次，良好的形象可以提升个人的说服力，使商业沟通和谈判更加顺畅。此外，个人形象魅力还能帮助建立和维护人际关系，人们更愿意与那些他们认为有吸引力和值得信赖的人合作。在商业场合中，个人形象魅力还体现在对细节的关注上，比如着装、言谈举止以及对他人意见的尊重。通过注重这些细节，个人形象魅力不仅能够为个人职业生涯的发展带来积极影响，还能推动商业交往的进一步发展。

任务 2　商务人员仪表设计

在商业交往中，商务人员的仪表设计对于塑造个人形象、展现专业素养以及赢得他人尊重与信任都具有十分重要的作用。一个专业的商务人员应该穿着得体，符合行业标准；言谈清晰、有礼貌，能够有效地表达自己的观点；举止自信而不失谦逊；时间观念强，守时守信；

在沟通时能够倾听各方意见，清晰表达自己的需求；在谈判中则需要具备策略性思维，能够为达成双方满意的结果而努力。

一、商务人员仪表设计的重要性

在商务领域，个人形象塑造的重要性不言而喻，而仪表设计则是这一过程中的关键环节。一名商务人员的外表装扮，是其专业形象的重要组成部分，它直接影响到他人对其信任和尊重的程度。

（一）恰当的仪表设计能够凸显商务人员的专业素养

整洁的着装、精致的配饰、适宜的发型与妆容，都是传递工作态度严谨和对细节关注的重要信号。这样的专业形象展示，有助于增强客户或合作伙伴对商务人员的信任感，为建立稳固的商务合作关系奠定基础。

（二）仪表设计是商务人员展现个性的重要途径

通过精心搭配和个性化设计，商务人员可以表现自己的独特风格和品位。个性化的仪表不仅能够提升商务人员的自信心，还能吸引他人的注意，为商务交流创造更多机会。

（三）仪表设计能反映出商务人员的文化修养和审美水平

在商务活动中，得体的仪表设计体现了商务人员对礼仪和文化的尊重，展现了优雅的气质和风度。这种文化修养和审美能力的展示，有助于提升商务人员的整体形象，使其在商务交往中更加自信和从容。

二、商务人员仪表设计的具体内容

（一）发型设计

发型是商务人员仪表的重要组成部分。一个合适的发型能够衬托出个人的气质和形象，增强整体仪表的效果。商务人员在选择发型时，应考虑自己的脸型、气质以及商务场合的要求。商务发型如图 2-3 所示。

图 2-3　商务发型

1．商务场合的发型设计原则

（1）整洁性

在商务场合，发型应保持整洁干净，避免凌乱或过于随意。男士应保持头发干净利落，女士则应确保发型不遮挡面部，保持清爽。

（2）专业感

发型设计应体现出专业形象，避免过于夸张或前卫的造型。男士可以选择传统的短发或中长发，女士则可以考虑简约的盘发或束发。

（3）适宜性

发型应与个人的脸型、职业和着装风格相协调。例如，圆脸型的商务人员可能更适合有层次感的发型，而方脸型的商务人员可能更适合柔和线条的发型。

（4）得体性

在商务环境中，得体的发型风格更受欢迎。避免使用过多的发胶或造型产品，以免给人留下过于造作的印象。

（5）颜色适宜

发型颜色应保持自然，避免过于鲜艳或不自然的发色。如果染发，最好选择接近自然发色的深色系。

（6）定期修剪

定期修剪头发，保持发型的形状和整洁，这有助于展现商务人员个人的细致和专业态度。

2．商务发型推荐

头发的造型是构成个人仪表的重要元素。发型被称为人的第二面孔，恰当的发型能够提升个人形象，令人神采奕奕、风度不凡。对于商务女士而言，精心设计的发型不仅能增添端庄、文雅与美观大方的气质，还具备修饰脸型、协调体形的功能。商务男士的发型更是其性格、修养与气质的重要体现。

商务男士发型如图 2-4 所示。

短发　　平头　　分头

图 2-4　商务男士发型

（1）短发：如侧分短发、前刺短发等。

（2）平头：平头造型简洁大方，给人一种稳重、踏实的感觉。

（3）分头：如三七分、四六分等。

商务女士发型如图 2-5 所示。

（1）低马尾：低马尾造型优雅大方，显得干练利落。

（2）盘发：盘发造型高贵典雅，能够展现出女性的成熟魅力。

（3）简约直发：直发造型自然垂顺，显得清新脱俗。

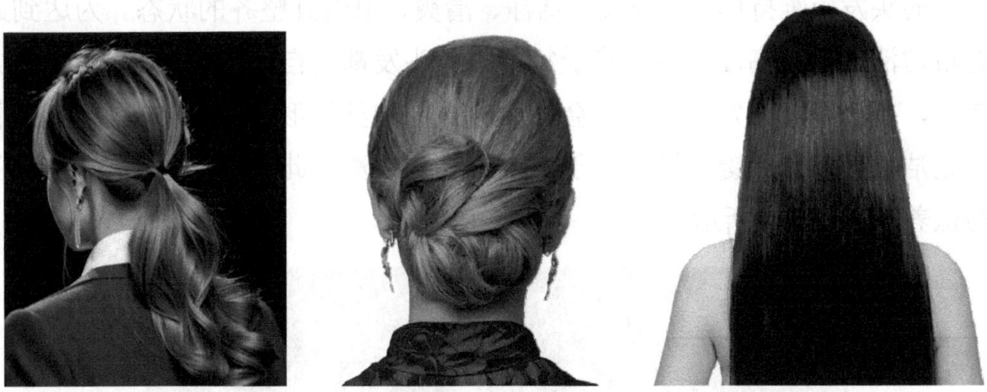

低马尾 盘发 简约直发

图 2-5 商务女士发型

3．发型与脸型、职业的匹配

在商务场合中，发型与脸型、职业的匹配非常重要，这不仅关乎个人形象，也影响着他人对商务人员的第一印象，以下是一些相关建议。

（1）圆脸型的商务人员建议选择能够拉长脸型的发型，如侧分的长发或中长发，以及有层次感的短发，避免过于圆润的发型。

（2）方脸型的商务人员适合选择能够柔和脸部线条的发型，如带有刘海的长发或中长发，以及顶部蓬松的短发，避免过于硬朗的直发。

（3）长脸型的商务人员可以尝试横向拉宽脸部线条的发型，如齐刘海的短发或中长发，以及两侧蓬松的波波头，避免过长的直发。

（4）心形脸型的商务人员适合展现额头的发型，如侧分的长发或中长发，以及有层次感的短发，避免过厚的刘海。

（5）至于职业方面，金融、法律等传统行业通常要求较为保守和专业的形象，因此建议选择简洁的发型，如短发、干净利落的中长发。创意行业如广告、设计等则相对开放，可以尝试更多个性化的发型，但仍需保持整洁和专业感。无论何种职业，保持发型的整洁和适宜的长度都是基本要求。

4．发型与配饰的搭配

在商务场合，发型与配饰的搭配应当体现出专业与整洁。男士通常选择短发或中长发，保持头发干净、整齐，避免过于花哨的发型。女士则可以保持自然的发型，如直发、波浪卷等，同样需要保持整洁，避免过于夸张的颜色或造型。对于配饰，男士应选择简约的腕表、领带夹或袖扣，而女士则可以佩戴小巧的耳环或项链，避免过于闪亮或体积较大的饰品。整体上，发型与配饰应与服装风格协调，展现出专业和对场合的尊重。

5．发型的维护与保养

商务人员的头发应维持健康、秀美、洁净、清爽、卫生且整齐的状态。为达到此等要求，应对头发的日常清洁给予高度重视。鉴于每个人的头发都会自然分泌油脂等多种物质，并易吸附外界灰尘，甚至可能散发气味，这会对商务人员的整体形象造成不良影响。因此，保持头发干净、整洁的基本且关键的措施在于定期地进行清洗。此外，定期清洗头发还有助于头发的维护与保养，如图 2-6 所示。

图 2-6　头发的维护与保养

头发的维护与保养主要包括以下几个方面。

（1）定期修剪：定期修剪头发可以去除分叉，保持发型的整洁和形状。

（2）选择合适的洗发水和护发素：根据自己的发质选择合适的洗发水和护发素，避免使用刺激性强的产品。

（3）正确洗发：洗发时用指腹轻轻按摩头皮，避免用指甲抓挠，以免损伤头皮和发根。

（4）使用护发产品：洗发后使用护发素或发膜，可以为头发提供额外的滋养和保护。

（5）避免高温伤害：尽量减少使用吹风机、直发器或卷发棒等高温造型工具，或者在使用时配合使用热防护产品。

（6）适当使用造型产品：使用适量的发胶、发蜡等造型产品，可以固定发型，但过量使用可能会导致头发干燥和损伤。

（7）饮食均衡：保持均衡的饮食，摄入足够的蛋白质、维生素和矿物质，有助于头发的健康生长。

（8）避免过度烫染：频繁地烫发和染发会损伤头发，应尽量减少这些化学处理。

（9）适当休息：保证充足的睡眠，减少压力，有助于头发的健康。

（10）定期做头皮护理：可以定期去专业的美发沙龙做头皮按摩和深层护理，以促进头皮血液循环，增强头发的活力。

知识扩展

伤害头发的10个坏习惯

1. 经常使用吹风机吹头发：过长时间的高温吹风会损伤头发的结构，导致头发干燥、无光泽。

2. 过度烫染头发：频繁烫染会损伤头发的角质层，导致头发干枯、脱发增多。

3. 过度使用发胶和发蜡：长时间使用会使头发变得油腻，甚至引起脱发。

4. 使用错误的洗发产品：选择错误的洗发产品可能对头发造成伤害，导致头发变得干燥和无光泽，甚至影响头皮的健康状态。

5. 缺乏头发保养：头发也需要保养，否则容易出现断裂、受损和脱发等问题。

6. 压力过大：压力过大会导致身体内分泌紊乱，进而影响头发的生长和健康。

7. 熬夜：熬夜会导致身体的疲劳和免疫力下降，从而影响头发的健康。

8. 趁头发很湿时上发卷：正确的方法是等头发干到七八成时再上发卷。

9. 戴着发卷入睡：头发被卷在发卷中，承受一整夜的重量和压力，不可避免地会受到伤害。

10. 不合理的饮食习惯：不合理的饮食习惯会导致营养不均衡，影响头发的生长和健康。

（二）服饰设计

服饰是商务人员仪表中非常直观的要素。一个得体、大方的服饰能够展现商务人员的专业素养和品位。除了服饰本身的设计外，商务人员还应注意服饰的细节处理。商务男士服饰如图2-7（a）所示，商务女士服饰如图2-7（b）所示。

1. 商务服饰设计的原则

服饰设计可反映个人的审美能力、道德品质和礼仪水平。若要通过服饰设计来使个人形象更富有魅力，应该遵循下述原则。

（1）整体性原则

服饰设计要能与形体、容貌等形成一个和谐的整体。服饰整体美的构成因素是多方面的，例如，人的形体和内在气质，服装饰物的款式、色彩、质地，着装技巧以及着装的环境等。

（a）商务男士服饰　　（b）商务女士服饰

图 2-7　商务服饰

（2）个性原则

服饰设计的个性原则中的“个性”不单指通常意义上的个人的性格，还包括一个人的年龄、身材、气质、爱好、职业等因素在外表上所反映出的个人特点。

（3）TPO 原则

TPO 原则即服饰设计与时间、地点、场合相匹配的原则。

● 时间（Time）原则

这里说的时间不仅指每一天的早晨、白天、夜晚等时间段，而且包括春、夏、秋、冬四季的更迭，以及不同时期、时代。因此，商务人员在服饰设计时必然要考虑时间层面，做到“随时更衣”。

● 地点（Place）原则

特定的环境应配以与之相适应、相协调的服饰，以获得视觉与心理上的和谐感。

公务地点：涉及执行公务时的地点，一般包括在写字楼里、在谈判厅里以及外出执行公务等情况。要求体现庄重正式，宜穿套装、套裙，不宜穿时装、便装。

社交地点：指工作之余在公共场合与同事、商务伙伴交往应酬的地点。要求体现时尚个性，宜着礼服、时装等，不适合选择过分庄重正式的服装。

休闲地点：休闲不等于休息，休闲既可以指工作之余一个人独处，又可指在公共场合与不相识者共处。要求舒适自然，可选择运动装、牛仔装等各类非正式便装。

● 场合（Occasion）原则

场合原则是商务人员约定俗成的惯例，具有深厚的社会基础和人文意义。穿着的服饰所蕴含的信息内容必须与特定场合的气氛相吻合，否则，往往会引起其他商务人员的疑惑、猜忌、厌恶甚至反感，导致交往空间距离与心理距离拉大。

商务正装——西服套装用于比较正式的场合，如会议、谈判、拜访、纯工作性质的演讲发言等，颜色以黑色、深蓝色、灰色为主，如图 2-8 所示。

出席正式场合或严肃场合时穿着的衬衫，适用场合一般包括学术性的，比如公开演讲、学术会议、颁发奖状等，产品在花型上较为传统，主要以白色、蓝色、深色等单一色调为主，如图 2-9 所示。

图 2-8　商务正装——西服套装

图 2-9　正装衬衫

（4）整洁原则

在任何情况下，服饰都应该是干净整洁的。皮鞋应该保持光亮，一旦落上灰尘要及时擦去。袜子要经常洗换，特别是有汗脚的人，更要注意袜子的清洁。

2．商务服饰设计的色彩搭配

商务服饰设计的色彩选择和体形有着密切的关系。一般来讲，身材较圆润的人适宜穿深色调的衣服，这样会给人以苗条的感觉。身材较瘦的人适宜穿浅色调的衣服，这样会给人以丰满的感觉。服饰色彩搭配如图 2-10 所示。

图 2-10　服饰色彩搭配

商务服饰设计的色彩搭配主要有以下三种方法。

（1）同色搭配

服饰配色中的同色搭配是指选择同一色系的不同深浅或明暗度的颜色进行搭配。这种搭配方式简单而优雅，能够营造出和谐统一的视觉效果。例如，深蓝色的上衣搭配浅蓝色的裤子或裙子，或者选择不同深浅的灰色单品组合在一起。同色搭配不仅适合商务场合，也适合日常休闲穿着，能够展现出穿着者的品位和对色彩的敏感度。在进行同色搭配时，可以通过加入不同材质的面料或利用配饰来增加层次感和细节变化，避免整体造型显得单调。

（2）相似色搭配

服饰配色中的相似色搭配是指选择在色轮上相邻的颜色进行搭配，这种搭配方式可以创造出和谐统一的视觉效果，例如，蓝色和绿色、红色和橙色、黄色和黄绿色。在实际搭配时，可以考虑使用不同明度或饱和度的相似色，以增加层次感和视觉兴趣。相似色搭配适合追求优雅、和谐风格的场合。

（3）主色调搭配

服饰配色时，主色调的选择至关重要，它决定了整体造型的基调和风格。在搭配主色调时，可以考虑以下几种方法。

- 单色搭配：选择一种颜色作为主色调，通过不同深浅或明暗的同色系进行搭配，营造出和谐统一的视觉效果。
- 类似色搭配：选择色轮上相邻的颜色进行搭配，如蓝色与绿色，红色与橙色，这种搭配方式既和谐又富有变化。
- 互补色搭配：选择色轮上相对的颜色进行搭配，如红色与绿色，蓝色与橙色，黄色与紫色，这种搭配方式对比强烈，可以吸引视觉焦点，使造型更加鲜明。
- 三角色搭配：选择色轮上等距离的三种颜色进行搭配，如红色、黄色、蓝色，这种搭配方式色彩丰富，但需注意主次分明，避免过于杂乱。

在选择主色调时，还应考虑个人肤色、场合、季节等因素，以确保整体造型的适宜性和美观性。

3．商务服饰与个人形象的塑造

商务服饰是个人形象塑造的重要组成部分，它不仅反映了一个人的专业性和对场合的尊重，还能传递出个人的品位和态度。在商务环境中，合适的着装可以增强个人的自信，同时给同事和客户留下良好的第一印象。

首先，选择合身的服装是基础。无论是西装、衬衫还是裤装，都应确保尺寸合适，既不过于宽松也不过于紧身。其次，颜色和图案的选择也很关键。一般来说，深色系如黑色、深蓝色和灰色是商务场合的首选，它们显得专业且易于搭配。图案方面，细条纹或小格子可以增加细节感，但应避免过于花哨的设计。

在细节上，领带、皮带和鞋子的选择也应与整体的着装风格保持一致。领带的颜色和图案不宜过于张扬，皮带和鞋子则应保持干净、光亮。此外，配饰如手表、袖扣等，可以体现个人品位，但应避免过多或过于夸张。

最后，个人卫生和仪容也是塑造专业形象的重要因素。保持整洁的发型、干净的指甲和使用适当的香水，都能在无形中提升个人形象。

4．商务服饰的维护与保养

商务服饰是职场形象的重要组成部分，恰当的维护与保养不仅能延长衣物的使用寿命，还能保持其专业外观。以下是一些关于商务服饰维护与保养的建议。

（1）洗涤：阅读衣物的洗涤标签，按照推荐的水温和洗涤方式清洗。对于西装和外套，建议干洗或手洗，以避免变形。衬衫和裤子可以机洗，但最好使用温和的洗涤程序，并使用洗衣袋减少摩擦。

（2）晾干：避免将衣物直接暴露在阳光下晾干，以免褪色。使用烘干机时，选择低温设置，并在衣物半干时取出，挂起晾干。

（3）熨烫：使用蒸汽熨斗或挂烫机对衣物进行熨烫，可以有效去除皱褶。熨烫时，确保衣物完全干燥，并选择适当的温度设置。

（4）储存：将衣物挂起或平放，避免折叠存放导致的皱褶。使用防尘袋保护西装和外套，避免灰尘和湿气。确保衣柜通风良好，避免霉变。

（5）保养细节：定期检查衣物的扣子和拉链，及时更换损坏的配件。使用专业的清洁剂去除污渍，避免使用家用漂白剂，以免损伤衣物。

（6）专业服务：对于高级或难以处理的商务服饰，可以考虑使用专业的衣物保养服务，以获得最佳的维护效果。

（三）仪表美的三个层次

仪表美是一个综合概念，它包括形体美、服饰美、气质美三个方面的含义。

1．形体美

人的容貌、形体、仪态的协调美是一种仪表美，如体格健美匀称、五官端正、身体各部位比例协调、线条优美和谐，这些生理因素是仪表美的基础要素。

（1）形体美及其重要性

形体美是指身体线条的流畅、姿态的优雅以及动作的协调。它不仅仅关乎外貌，更与个人的气质、自信和专业度息息相关。在商务活动中，形体美是展现个人魅力与自信的关键。

（2）形体美的塑造方法

- 保持良好的体态

良好的体态是形体美的基础。站立时，应挺胸收腹，双肩放松，双脚自然分开；坐下时，应保持上半身挺直，双脚平放在地上。避免驼背、耸肩等不良体态。

● 练习优雅的走姿

优雅的走姿不仅给人以美的享受，还能体现一个人的气质和自信。可以通过模仿模特的步态进行练习，注意脚尖先着地，步伐要均匀，保持身体挺直，双臂自然摆动，头部保持平稳。

● 训练协调的动作

协调的动作能够使身体各部分更加和谐，展现出优美的姿态。可以通过舞蹈、瑜伽或体操等运动来训练身体的协调性，增强动作的流畅度和节奏感。

● 运用得体的身体语言

身体语言是人际交往中传递信息的重要方式。使用得体的身体语言，如面带微笑、适宜的眼神交流、恰当的手势动作等，可以增强个人魅力，给人留下良好的第一印象。

● 坚持合理的饮食与锻炼

健康的饮食习惯和规律的锻炼是塑造形体美的基础。均衡摄入各类营养物质，避免摄入过多高热量食物，结合有氧运动和力量训练，可以有效地塑造和维持良好的体型。

（3）形体美与文化的关系

在不同的文化背景下，形体美的标准可能存在差异。

（4）形体美的实践与应用

要将形体美的理念应用到实际商务活动中，需要不断地实践和反思。

（5）克服形体美的障碍与挑战

在追求形体美的过程中，可能会遇到各种障碍和挑战，需要保持积极的心态和耐心，相信通过努力能够提升自己的形体美。

2．服饰美

经过修饰打扮以及受后天环境的影响形成的美是仪表美的一种体现。

（1）服饰美在商务场合的作用

第一印象的形成：在商务交往中，第一印象十分重要。得体的服饰能够给人留下专业、可靠的印象，为后续的合作与交流奠定良好基础。

企业文化的体现：员工的着装往往是企业文化的缩影。统一的着装或符合企业文化特色的服饰能够增强团队的凝聚力，展现企业的专业形象。

尊重与正式的象征：在正式的商务场合，恰当的着装是对他人尊重的体现，也是对自身职业身份的认同和尊重。

（2）服饰美的基本原则

整洁原则：无论是西装革履还是休闲装束，保持服饰的整洁是最基本的要求。皱巴巴的衬衫或沾满污渍的领带都会给人留下不良印象。

协调原则：服饰的搭配应讲究色彩、款式和质地的协调。避免过于花哨或夸张的搭配，以免给人不专业的感觉。

（3）各类商务场合的着装要求

正式商务场合，如重要商务会议、签约仪式等，男士通常选择西装套装搭配领带和皮鞋，女士则选择套装裙或连衣裙搭配高跟鞋。

半正式商务场合，如日常办公、商务宴请等，服饰可稍显休闲但仍需保持专业。男士可以选择西装裤搭配衬衫，女士则可以选择职业套装或衬衫搭配半身裙。

休闲商务场合，如商务旅行、团队建设等，服饰可更加休闲但仍需保持整洁。男士可以选择牛仔裤搭配 T 恤和运动鞋，女士则可以选择休闲裤装或连衣裙。

（4）如何通过服饰展现个人与企业的最佳形象

了解企业文化与行业特色：在选择服饰时，应充分了解所在企业的文化和所在行业的特色，以便更好地融入其中并展现专业形象。

注重细节与配饰：细节决定成败。一个精致的领带夹、一款时尚的腕表或一条靓丽的丝巾都能为整体形象增添亮点。

保持更新与时尚：商务服饰并非一成不变。随着时尚潮流的发展，适当更新自己的衣橱，尝试一些新的款式和元素，有助于保持形象的鲜活与时尚。

服饰美不仅仅是外在的装扮，更是与个人气质相辅相成的。一个优雅、得体的人，即使穿着简单的服饰，也能散发出独特的魅力。

3．气质美

淳朴高尚的内心世界和蓬勃向上的生命活力也是仪表美的一种体现。真正的仪表美是内在美与外在美的和谐统一，慧于中才能秀于外。因此，一个人的仪表是其内在美的一种自然展现，我们称之为气质美。气质训练如图 2-11 所示。

图 2-11　气质训练

（1）气质美的内涵与重要性

气质美并非单纯指外在的容貌或体态，它更多是指一个人的内在修养、文化底蕴和个性魅力的综合体现。

在商务场合中，气质美是个人形象魅力的重要组成部分。

（2）气质美的培养方法

● 提升内在修养

多读书，丰富自己的知识储备，提高文化素养。学习艺术，如音乐、绘画等，培养审美能力。通过不断学习，提升个人的内在修养。

● 塑造积极心态

保持乐观向上的心态，学会控制情绪，面对困难和挑战时能够保持冷静，积极面对。

● 注重仪表整洁

保持良好的个人卫生习惯，穿着得体，符合场合要求。选择适合自己肤色和体型的服饰，注重细节，如发型、指甲等，展现良好的第一印象。

● 练习优雅举止

学习基本的礼仪知识，如餐桌礼仪、职场礼仪等。在日常生活中，注意自己的行为举止，保持优雅的姿态，如正确的坐姿、站姿和走路姿势。

● 培养良好的社交习惯

学会倾听他人，尊重不同的观点和意见。在社交场合，学会适时地表达自己的想法，同时也要懂得适时沉默。建立良好的人际关系，与人为善，乐于助人。

（3）如何通过气质美展现个人形象魅力

自信表达：在商务场合，自信的表达是展现个人形象魅力的关键。

真诚微笑：微笑是传递友善和亲切感的有效方式。

善于倾听：倾听是尊重的表现，也是展现个人魅力的方式之一。

灵活应变：一个拥有灵活应变能力的人，能够在面对突发情况时迅速作出反应，展现出自己的机智和果断，赢得他人的赞赏和信任。

三、商务男士的具体服饰

（一）西装

西装，又称西服，是一种正式的服装，通常由上衣和裤子组成，有时还包括马甲。它起源于欧洲，最初是男士的服装，现在也广泛用于女性穿着。西装的款式和颜色多种多样，可以适应不同的场合和需求。正式场合通常穿着深色西装，而休闲场合则可以选择颜色更明亮、款式更轻松的西装。西装的面料、剪裁和细节设计都会影响其整体的外观和穿着的舒适度。

选择合身的西装是关键，确保肩部合适，袖子长度适中，西装外套的长度应覆盖臀部。搭配时，可以选择单排扣或双排扣，但要保持整洁和专业。颜色上，深蓝色、灰色和黑色是经典之选，而条纹或微小图案可以增加细节。搭配时，注意领带的颜色和图案要与衬衫和西装协调。

衬衫应选择纯色，以保持专业形象。白色和浅蓝色是商务场合的常见选择。确保衬衫的领口和袖口合身，避免过于紧绷或宽松。搭配西装时，衬衫的领子应略高于西装领，袖口露出西装袖口约 1 厘米。

小贴士

☞男士西装的着装规范

白色的衬衣配深色的西装、花衬衣配单色的西装、单色衬衣配条纹或带格西装都比较合适，方格衬衣不应配条纹西装，条纹衬衣同样不要配方格西装。

在办公室穿着衬衫，颜色以单色为理想选择，白色是最佳也是最安全的选择，浅蓝色也可以，不宜穿淡紫色、格子、圆点和宽条纹的衬衫，面料最好以纯棉为主。

领带系好后，应认真整理，使其规范、定型。领带上片的长度以系领带者呈标准姿势站立时领带尖正好垂至裤带带扣中央下沿为最佳，不能太短，更不能比下片还短，也不能太长，太长很不雅观。如果配有西装背心或毛衣、毛线背心，领带须置于它们的里面，且下端不能露出领带头，前开身毛衣不宜紧贴西装内穿。还有，毛衣、毛背心不能扎束在裤子里面。男士西装着装如图 2-12 所示。

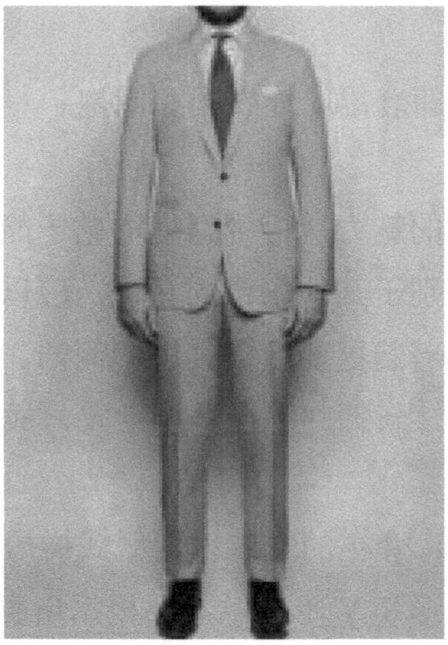

图 2-12 男士西装着装

（二）中山装

中山装是我国男士礼服的代表，是应孙中山先生的要求改装和提倡后而风行中华大地的，故名中山装。其前襟有五粒扣子，封闭式领口，带风纪扣，上下左右共有四个贴袋，袋盖外翻并有盖扣。着中山装要注意衣服要整洁，熨烫要平整，衣领里可稍许露出一道白衬衫领，衣兜不要装得鼓鼓囊囊，内衣不要穿得太厚，以免显得臃肿。无论什么社交场合，都要扣好扣子和领钩。成年男子穿上一套合身的上下同质同色的毛料中山装，配上黑色皮鞋，会显得庄重、稳健、大方，富有男子气概，适宜出席各种外交及社交场合。中山装如图 2-13 所示。

图 2-13　中山装

四、商务女士的具体服饰

商务女士的服饰比起男士的服饰更加丰富多彩、新颖别致。女士不仅以服饰来显示自己美好的体态，而且以此来表现自己的修养和风格。

（一）商务女装的基本类型

商务女装有三种基本类型，即套裙、连衣裙和旗袍。

1．套裙

裙式服装能很好地体现女性的魅力，恰到好处的裙子能充分显示女性优雅的风采。作为职业女性，其工作场所的着装有别于其他场合的着装，应以端庄为宜，尤其是当其代表着一个企业、一个组织的形象时，其着装更要追求大方、简洁、素雅的风格。当前，套裙以其简洁的形式，多变却不杂乱的颜色，新颖却不怪异的款式，成为正式的职业装。

（1）套裙的款式

套裙有两件套和三件套之分，套裙的上装以西服式样居多，也有圆领、V 字领式样。套裙的款式主要有 H 形、X 形、A 形和 Y 形四款。要根据自身的体型来选择。上衣的长度既可短至腰际，也可长至臀部以下，下装是长短不同的各式裙子。就时尚性而言，套装的整体变化不大，但套装上衣的袋盖、衣领、袖口、衣襟、衣摆，以及下装的开衩、收边等，都在细致之处见风格。

（2）套裙的选择

商务女士服装的穿着礼仪原则是讲究整洁与高雅。

职业套裙的最佳颜色是黑色、藏青色、灰褐色、灰色和暗红色，图案以精致的方格、印花和条纹为佳。买红色、黄色或紫色的两件套裙要谨慎，因为它们的颜色过于抢眼。

职业套裙的面料有多种，其中羊毛制品的，四季皆宜，经久耐穿，挂一个晚上衣服上的褶皱自然就平整了。购买亚麻制品时，要选择混有人造纤维的，如聚酯纤维、人造丝或丙烯酸系纤维的，否则衣服很容易起褶皱。购买丝绸制品也要谨慎，它们易起褶，而且显得过于考究。穿着套裙一定要注意平整，因此对面料的抗皱性要求较高，检验一种面料是否抗皱的方法是用手攥住布料，然后松开，如果起褶皱，则要三思了，因为它可能穿不了一天就变得皱皱巴巴。套裙如图 2-14 所示。

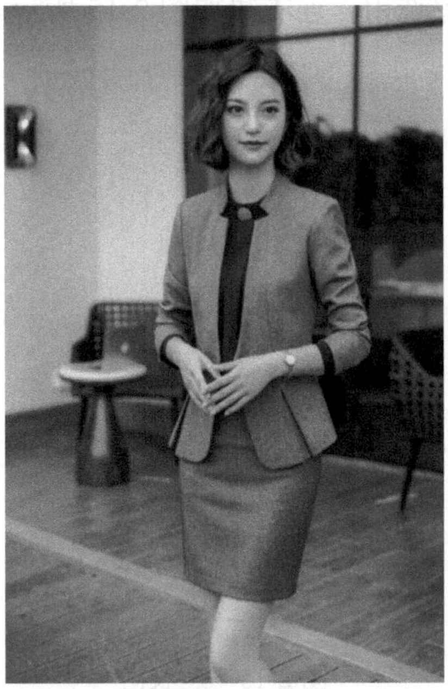

图 2-14 套裙

小贴士

职业女士套裙的着装规范

1. 选择合适的长度：套裙的裙摆长度应适中，一般以不短于膝盖上两英寸为宜，以保持专业形象。

2. 颜色和图案：应选择传统的颜色和简洁的图案，避免过于鲜艳或花哨的设计，以体现职业感。

3. 上衣搭配：上衣应合身，领口不宜过低，袖子长度适中，避免过于紧身或暴露。

4. 鞋子和配饰：鞋子应干净整洁，颜色与套裙相协调，高跟鞋是常见的选择。配饰应简约大方，避免过多或过于夸张的配饰。

5. 穿着整洁：确保套裙没有褶皱，干净无污渍，穿着时要保持整洁。

6. 适宜场合：根据不同的工作环境和场合选择合适的套裙，如正式会议或商务活动应选择更为正式的款式。

2．连衣裙

连衣裙可以单独穿或者和上衣搭配在一起穿，尽管连衣裙较适宜某些场合，但它们看上去不如西装套裙显得专业。关于颜色，选择灰色、藏青色、暗红色、米色、驼色、黄褐色、红色和玫瑰红颜色的连衣裙较为适宜，还可以选用简洁的印花或图案的连衣裙，但过于前卫的图案就不适于商务场合了，至于面料，丝绸是最好的，100%的人造丝也可以，亚麻制品中只有加入人造纤维的才宜选用。纯亚麻制品因容易起褶而不适宜商务场合。棉布对于职业服装来说就显得过于随便了，不宜选用。连衣裙如图 2-15 所示。

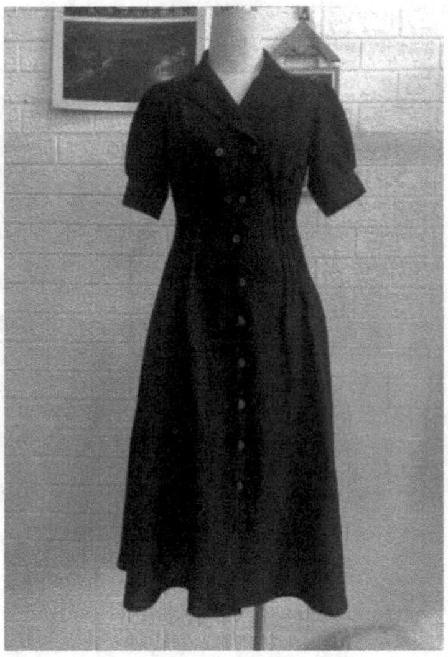

图 2-15　连衣裙

3．旗袍

旗袍是我国独有的、富有浓郁民族风格的传统女装。旗袍以流畅的曲线造型自然勾勒出东方女性躯体的婉约柔美，体现出含蓄的东方神韵。高领斜襟，使旗袍在严谨中透出轻松活泼，并便于活动。旗袍如图 2-16 所示。

图 2-16　旗袍

作为礼服的旗袍最好是单一的颜色，一般常在绸缎面料上刺绣或添加饰物。面料以典雅华丽、柔美挺括的织锦缎、古香缎和金丝绒为佳。

（二）女性的体型与着装

人的体型差异很大，不同的体型应选择不同款式的衣服，以扬长避短，在商务场合中展现出自己的风采。

1．体型匀称的人对服装款式的选择范围较大，着装时应该更多考虑的是服装与肤色、气质、身份、场合等的协调。

2．体型较胖的人最好身着上下一色的深色套装，裤子要略长，裤腿略瘦，忌用单调的横条纹。体形较瘦的人应尽量减少露在服装外面的部分，宜在胸前做些点缀。服装的面料、质地、花型不同，会造成形象上的不同感觉。像粗呢、厚毛料、宽条绒等，这些布料如使用不当，会增加笨重感，使体型较胖的人看上去更胖。发亮的料子，比如绸缎和一些化纤面料，会使人看上去丰满。大花型的面料有扩张的效果，会使体型较瘦的人看上去匀称一些，小花型的面料则能使丰满的人看上去苗条些。此外，花色面料还可以适当修饰体型有缺陷的部分。

3．肩窄臀宽的人应该注意使用垫肩，使肩部看上去宽些，也可以在肩部打褶或选择束腰的服装以衬托肩部的宽大。忌穿插肩上衣、宽大的外套和夹克衫。忌穿无袖上装、长紧袖上装。腰粗的人应选肩部较宽的衣服，以产生肩宽腰细的效果。

4．腿较短的人宜选择上衣较短、下装稍长的服装。

5．腿较粗的人，宜穿上下同宽的深色直筒裤、过膝的直筒裙，不宜穿太紧的裤子和太短的裙子。

（三）商务女士不恰当的着装

1．过分时髦。现代女性热衷流行的时装是很正常的现象，即使你不去刻意追求流行，流行也会左右着你。但是，盲目地追求时髦是不妥的。一名商务人员对于流行应有正确的判断力，同时在办公室中，应主要表现工作能力而非赶时髦的能力。

2．过分暴露。夏天气温高时，许多商务人员便不够注重自己的身份，穿着较为暴露的服装。如此着装会让人忽视你的才能和智慧，甚至还会让人觉得轻浮。因此，炎热的天气，也应注意身份和场合，不要穿过分暴露的衣服。

3．过分随意。最典型的穿着就是一件随随便便的T恤或罩衫，配上一条泛白的“破洞”牛仔裤，丝毫不顾及办公室的氛围。这样的穿着对于商务场合来说是非常不合适的。

4．过分俏丽。可爱俏丽的服装款式可以凸显女性的甜美，但不适合在工作中穿，因为这样会给人不可信任、不稳重的感觉。

五、饰品的选择和佩戴

（一）项链

项链的种类大致可分为金属项链和珠宝项链。金属项链有双套链、三套链，马鞭链、方丝链等。其中方丝链是最常见的款式，由金或银精制而成，这种项链的直径较细，脖子细长的人佩戴可达到纤细柔美的装饰效果。

（二）戒指

戒指的种类繁多，常见的款式有线戒、嵌宝戒、钻戒、方戒等。诸多戒指各具特色，因此在选择戒指时要考虑适合自己的特点。戒指应与手指的形状相符。例如，手指较短小或骨节突出的，应戴比较细小的戒指，款式最好是非对称式的，以便分散别人对手指形状的注意力手指修长纤细的，应选择粗线条的款式，如方戒、钻戒，这样可使手指显得更加秀气。手掌较大的，要注意所戴的戒指的分量不要过小。

（三）耳环

每个人应根据自己的脸型选戴合适的耳环。脸形较大的女性不宜用圆形耳环，但可用较大一些的几何形耳环，佩戴时要紧贴耳朵。脸形小的女性宜用中等大小的耳环，以长度不超过 2 厘米为佳。圆脸形的人，宜戴长而下垂的方形、三角形、水滴形耳环。方脸形的人宜戴有耳坠的耳环，以使脸形显得狭长些。长脸形的人最好戴紧贴耳朵的圆形耳环，以增加脸的宽度。

（四）手镯与手链

手镯的款式应视手臂的形状而定。手臂较粗短的应选细手镯；手臂细长的则可选宽粗的款式，或多戴几只细手镯以加强效果。

手链是手镯的同类产品，多用金、银、包金编花丝等制成。比起较粗犷的手镯，手链显得纤细精巧。

任务 3　商务人员仪容设计

在商业领域中，商务人员的仪容设计对于塑造个人形象、展现专业素养以及传递企业文化都有重要的作用。一个得体、整洁、大方的仪容不仅能够给人留下良好的第一印象，还能够提升商务人员的自信心和影响力，从而有助于商务活动的顺利进行。

一、商务人员仪容设计的重要性

在商务活动中，个人仪容具有不可忽视的重要性。仪容不仅能展现个人的职业素养，也反映其代表企业的形象与文化。精心设计的仪容有助于提升商务人员的自信心，增强其在商务交流中的影响力和说服力。商务人员仪容设计如图 2-17 所示。

图 2-17 商务人员仪容设计

（一）恰当的仪容设计体现了商务人员的专业素养

整洁的着装、适宜的发型以及精致的妆容，都是商务人员严谨和细致工作态度的体现，这有助于赢得合作伙伴或客户的信任。

（二）仪容设计是企业形象的具体展现

作为企业的对外代表，商务人员的外观直接影响到外界对企业形象的认识和评价。注重细节、保持得体形象的商务人员，有助于塑造企业良好的品牌形象，提升企业的市场竞争力。

（三）良好的仪容能提升商务人员的自信心

当商务人员对自己的形象感到满意时，他们将以更加自信的姿态迎接商务挑战，并以积极的态度争取合作机会，从而取得更佳的商务成果。

因此，商务人员应当充分重视仪容设计，通过选择合适的着装、发型和妆容，来展现个人的专业素养和企业形象，进而增强自信心和商务交往能力。

二、商务人员仪容设计的基本原则

（一）整洁原则

商务人员的仪容应保持干净、整洁，包括面部、头发、胡须、指甲等各个方面。这是塑造良好形象的基础，也是展现专业素养的前提。

（二）自然原则

商务人员的仪容应追求自然、真实的效果，避免过于夸张和做作的装扮。自然的仪容能够展现个人的自信和从容，增强与他人的沟通效果。

（三）协调原则

商务人员的仪容应与自身条件、职业特点、商务环境相协调。不同的商务场合对仪容的要求也不尽相同，商务人员应根据实际情况进行灵活调整。

三、商务人员的皮肤护理

皮肤好比是人体的“窗口”，通过它可以折射出人的健康、年龄和情绪状况。健康的皮肤应该是湿润的、有弹性的、光滑细腻的、红润健康的，需要科学地护理和保养。人的皮肤可分为中性、油性、干性和混合性四种类型。商务人员应该了解自己的皮肤性质，以便选用不同的化妆品，并采用不同的方法进行护理。

皮肤护理在日常生活中十分重要，要保护好自己的皮肤，应该遵循良好的生活方式，例如积极的生活态度、定期的体育锻炼、充足的睡眠等。这些都是日常生活中维护皮肤良好状态的重要方法。

1．洗脸

清洁面部是一项重要的护肤步骤，它能够有效去除皮肤上因新陈代谢而产生的老化物质，以及由空气污染、卸妆过程中可能遗留的各类残留物。不仅有助于维护肌肤的清洁状态，还能为后续护肤程序的顺利进行奠定良好基础。清洁面部如图 2-18 所示。

图 2-18　清洁面部

2．面部营养的补充

（1）化妆水

化妆水的主要功能在于补充洗脸过程中流失的水分，通过提供充足的水分来紧致肌肤，使之更加柔软，从而有利于后续乳液的有效渗透。

（2）乳液

在护肤过程中，乳液能够帮助肌肤恢复至其原有状态。这要求我们在洁面后，首先利用化妆水充分补充因洗脸而流失的水分。随后，通过涂抹乳液来进一步补充所需的营养物质，以全面恢复肌肤的平衡状态。这一步骤对于维持肌肤的健康与活力具有重要意义。

（3）面霜

面霜在肌肤充分吸收含水保湿成分后，于肌肤表层构建一层保护膜，以维持其持续湿润状态。

小贴士

护肤品中的霜、蜜、乳、膏主要区别

霜：通常是一种比较厚重的护肤品，具有较强的保湿效果。它可以在皮肤表面形成一层保护膜，帮助皮肤锁住水分，适合干性皮肤或者在干燥季节使用。

蜜：一般比霜要稀一些，质地较为轻盈，同时也具有较好的保湿效果。它通常含有多种营养成分，可以滋养皮肤，使皮肤更加光滑细腻。

乳：是一种比较清爽的护肤品，适合油性和混合性皮肤使用。它的质地轻盈，容易吸收，不会给皮肤带来油腻感，同时也有一定的保湿效果。

膏：通常是一种比较浓稠的护肤品，具有较强的滋润效果。它可以在皮肤表面形成一层较厚的保护膜，帮助皮肤抵御外界刺激，适合特别干燥或者敏感的皮肤使用。

3．按摩肌肤

按摩肌肤的主要目的在于促进皮肤新陈代谢过程，并促进血液循环机制。户外环境中强烈的紫外线辐射，以及户外空气与室内冷暖空调房间之间的温差，都可能导致肌肤生理机能的减弱，进而诱发肤色黯淡无光、肌肤干燥缺水等问题。按摩肌肤如图 2-19 所示。

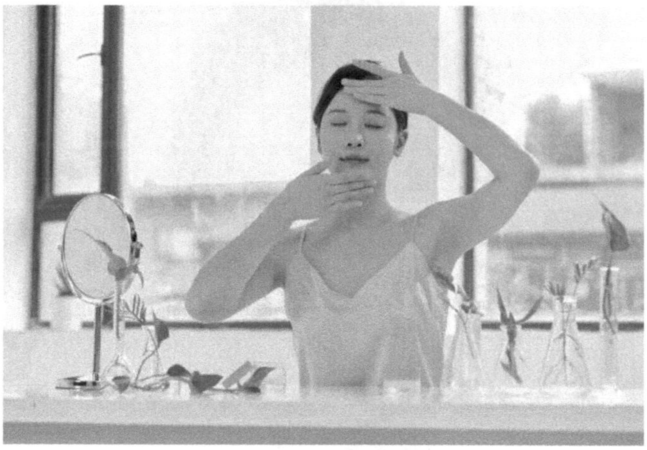

图 2-19　按摩肌肤

四、商务女士的化妆

化妆是一门精深的艺术，其精髓在于适度与得体。对于商务女士而言，在商务活动中，恰当运用化妆技巧，不仅能够有效地提振个人的精神风貌，更彰显出对商务伙伴及场合的尊重与重视。化妆流程如图 2-20 所示。

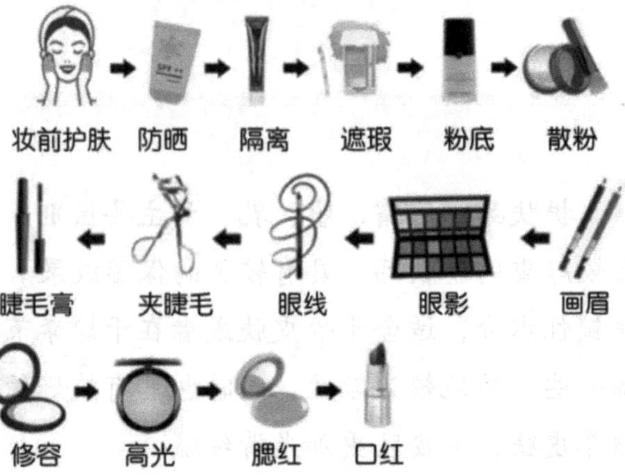

图 2-20 化妆流程

（一）正确认识自己

化妆能够在彰显个人优势的同时巧妙修饰自己的不足之处，这要求我们需对脸部的基本构造与特征有所了解。在审美语境中，“五官端正”常被提及，它强调面部五官之间应达到和谐均衡的状态，这是构成五官美感的前提。进一步而言，人的五官分布遵循着既定的美学规律，这一规律即被概括为“三庭五眼”的面部比例标准。“三庭五眼”如图 2-21 所示。

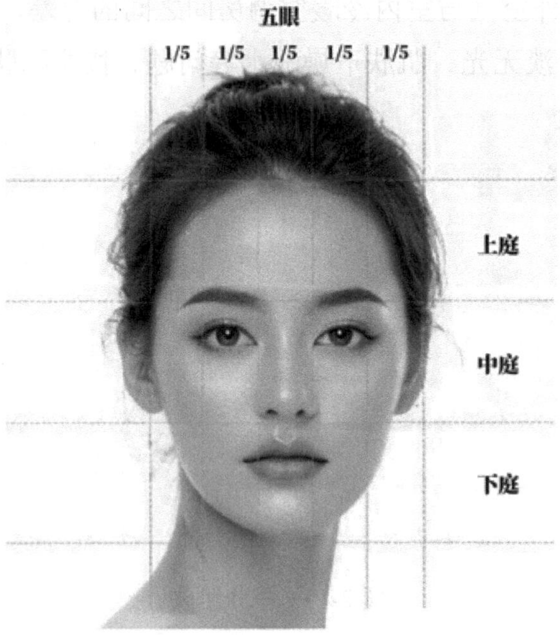

图 2-21 “三庭五眼”

“三庭”是面部美学中的一个重要概念，具体分为上庭、中庭和下庭三个部分。上庭指的是从额头发际线至眉线之间的区域；中庭则是指从眉线延伸至鼻底线的部分；而下庭则是从鼻底线至颊底线的区域。这三庭在理想状态下，其长度应当保持相等，以形成和谐均衡的面部比例。

“五眼”同样是面部美学的一个衡量标准，它指的是从正面视角观察时，右耳孔至左耳孔之间脸部的横向宽度，这一宽度应大致等同于个体自身五只眼睛宽度的总和。这一比例被视为面部横向和谐与美感的重要参考依据。

（二）化妆的准则

在美容化妆的实践中，应当秉持修整统一、和谐自然的核心准则。化妆应恰到好处，以此传递出文明、整洁且雅致的良好形象。相反，浓妆艳抹、矫揉造作以及过度修饰与夸张的手法，均不宜出现在商务场合，应当避免。

（三）化妆品的技巧与建议

底妆：选择与自己肤色相近的底妆产品，打造出自然无瑕的肌肤质感。

眼妆：眼妆是面部设计的重点，能够提升整体形象的神采。

眉妆：眉毛是面部的框架，能够平衡整体形象。

唇妆：选择合适的唇膏或唇彩，为嘴唇增添色彩和光泽。

腮红：使用腮红可以增加面部的立体感和气色。

修饰细节：对于面部的瑕疵，如痘痘、黑眼圈等，可以使用遮瑕产品进行局部修饰。

（四）适宜的妆色

化妆的浓淡程度应当依据时间及场合进行合理调整。具体而言，在白天日光环境下，淡妆是更为适宜的选择。过于厚重的粉底与夸张的唇妆，与周围的工作氛围显得格格不入，可能会给人留下未专注工作的印象。

（五）化妆时应注意的问题

1. 在公共场合，尤其是面对众人时，应避免进行化妆活动。此行为被视为极不礼貌，可能给他人带来不便，也显示出对自身形象的不尊重。若需进行妆容调整，请移步至洗手间等私密空间进行。

2. 对于他人的妆容，我们应保持尊重与理解。每个人都有独特的审美观念和化妆技巧，因此，避免对他人的妆容进行任何形式的评价或批评，以体现对他人的尊重。

3. 借用他人的化妆品是不被推荐的行为。此举既不符合卫生标准，也可能对化妆品的原有主人造成不便，因此，我们应自觉遵守不借用他人化妆品的礼仪规范。

4. 在长时间的商务活动中，面部设计可能会出现脱妆或晕染的情况。因此，需要携带补妆产品进行及时的维护和补妆。补妆如图 2-22 所示。

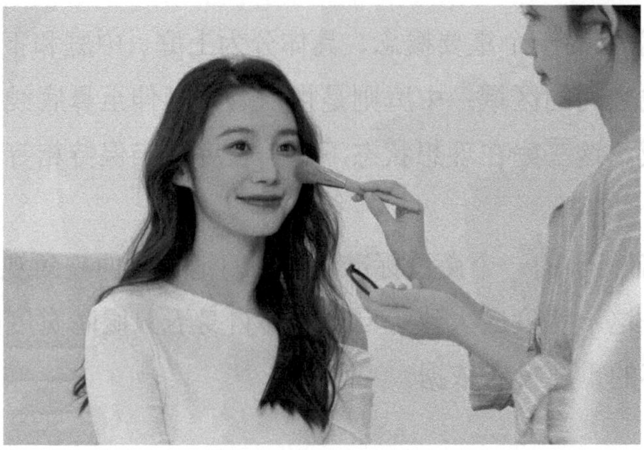

图 2-22　补妆

五、商务男士的美容

每一位商务男士都希望自己能够获得上司的信任和客户的好感，给人留下深刻而美好的印象。要做到这一点，适当修饰装扮和美化容貌是必不可少的。从根本上看，男士美容和女士没有本质的区别，都是借助修剪、描画、晕染、遮掩等修饰手段达到美化容颜的目的。男性的美也必须是外在美和内在美的统一。男士美容的原则其实很简单，清洁整齐、精神爽朗即可。

（一）洁肤

鉴于男性的生理特性，其日常的新陈代谢较高，相较于女性而言皮肤更为粗糙，毛孔也相对较大，表皮易于角质化。此外，男性因汗液与油脂分泌旺盛，加之在户外工作的频率较高，使得皮肤更易积聚灰尘与污垢。因此，对于男性而言，皮肤的清洁工作显得尤为重要。商务男士应坚持每日使用清洁类化妆品进行面部清洁，以有效去除脸部污垢。

（二）护肤

空调造成的空气干燥现象，极易导致皮肤表层水分迅速流失，因此对于长时间在办公室内工作的职业男性而言，其皮肤往往容易出现缺乏光泽、老化松弛等问题。针对这一问题，滋润成为重要的解决途径。

在选择滋润皮肤的产品时，务必确保所选护肤品能够适配个人肤质，应避免过于油腻的质地。因为油腻的护肤品不仅会使得面部显得油光锃亮，还可能吸附空气中的尘埃颗粒，反而有损肌肤的美观与健康。

此外，在涂抹护肤品的过程中，进行适当的自我按摩也是一项有益的措施，有助于缓解肌肤的疲惫状态，促进其放松与恢复，进而达到更好的保养效果。

（三）剃须

男性定期剃须是维护面部整洁与焕发神采的关键步骤，也是商务男士美容不可或缺的一环。通过此举，男士能够确保面部肌肤的清洁度，并展现出更加精神焕发、干净清爽的形象。

（四）美牙

牙齿的暗沉与泛黄，在交流或微笑时可能会让人觉得其在个人形象管理，导致部分商务人士在言语或欢笑时缺乏自信，甚至采取遮掩行为，长此以往，可能影响沟通自信。因此，商务人员应高度重视牙齿的保养与美化，弥补自身的不足之处，展现更为自信与专业的职业形象。

任务 4　商务人员仪态设计

在商业领域中，商务人员的仪态对于构建个人形象、彰显专业素养及传播企业文化具有举足轻重的地位。仪态，即商务人员在行为举止中所展现的姿态、动作及面部表情等，直接关系到其在商务场景下的表现与形象塑造。一个得体、大方且自信的仪态，不仅能够为商务人员赢得他人的良好印象，还能有效提升其自信心与影响力，进而促进商务活动的顺畅进行。

一、商务人员仪态设计的重要性

商务人员的仪态，作为个人形象的关键构成部分，深刻影响着其在商务环境中的表现与形象塑造。一个得体、大方且自信的仪态，能够充分彰显商务人员的专业素养与严谨的工作态度，进而增强他人的信任与尊重。反之，若商务人员仪态欠佳，举止不雅，不仅会对个人形象的塑造造成不利影响，还可能波及企业声誉，甚至导致商务合作的失败。因此，商务人员应高度重视并精心维护自身仪态，展现最佳的职业形象。

二、商务人员仪态设计的基本原则

（一）尊重原则

在商务场合的仪态设计中，商务人员应始终恪守尊重他人的基本原则。无论是与上级、下级或同级进行交流，都应展现出礼貌且谦逊的风范，确保对他人的感受与观点给予充分的尊重与重视。

（二）自然原则

商务人员应追求自然流畅、不拘泥于形式的仪态表现。刻意雕琢、过于做作的举止将给人以不真实之感，进而对沟通效果产生负面影响，不利于与他人的良好交流。

（三）协调原则

商务人员的仪态应当与其个人条件、职业特征以及商务环境保持协调一致。不同商务场合对仪态的具体要求存在差异，商务人员需根据实际情况，灵活调整其仪态表现，以确保符合相应场合的规范与标准。

三、商务人员仪态设计的具体内容

（一）站姿

站立是人的最基本的姿势，也是其他姿势的基础。良好的站姿能衬托出美好的气质和风度。如图 2-23 所示，站立时应注意以下几点。

- 头正：双目平视，嘴微闭，下颌微收，表情自然，面带微笑。
- 肩平：微微放松，稍向下沉。
- 躯挺：挺胸收腹，立腰。
- 臂垂：两肩平整，两臂自然下垂，两手自然放松。
- 腿开：两腿立直贴紧，脚跟靠拢，两脚尖张开约 60°。

图 2-23　站姿

在社交场合，站立时应注意。

1．双手不可叉在腰间，也不可抱在胸前。

2．驼着背，弓着腰，眼睛不断左右斜视，一肩高一肩低，双臂胡乱摆动，双腿不停地抖动，都是不宜的。

3．不宜将手插在裤兜里，更不要下意识地做小动作，如摆弄打火机、香烟盒，玩弄皮带、发辫，咬手指甲等，这样不但显得拘谨，给人以缺乏自信和经验的感觉，而且也有失庄重。

（二）坐姿

“坐如钟”给人以端正、大方、自然、稳重之感。正确坐姿如图 2-24、图 2-25 所示。

标准式　　交叉式　　开关式　　重叠式

图 2-24　商务男士坐姿

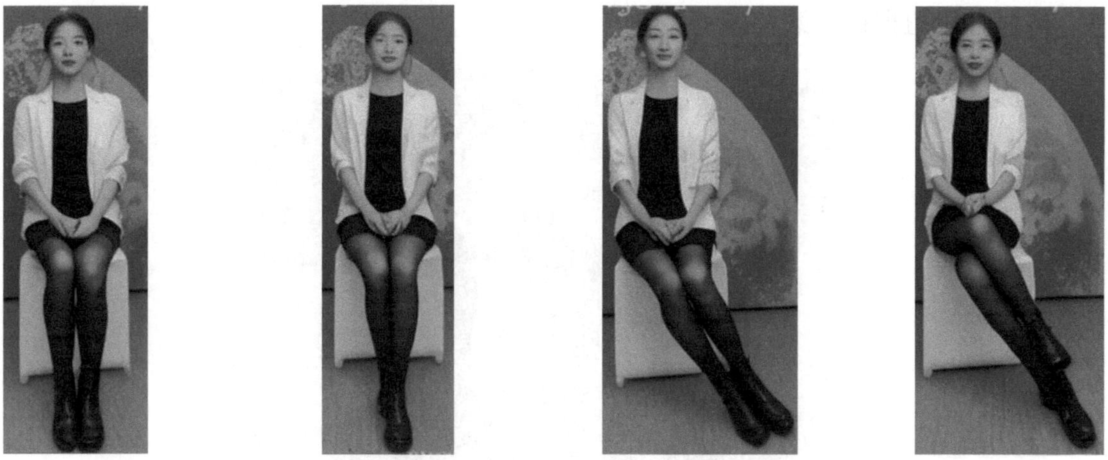

标准式　　前伸式　　斜放式　　交叠式

图 2-25　商务女士坐姿

以下几种不良坐姿不宜出现在社交场合中。

1．与人交谈时，双腿不停地抖动，甚至鞋跟离开脚跟在晃动，这是不礼貌的、缺乏教养的表现。

2．叠腿而坐，并仰靠在椅背上。

3．双脚搭到椅子、沙发、桌子上。

（三）走姿

走姿属于动态美。凡是协调稳健、轻松敏捷的走姿，都会给人以美感。自觉纠正以下几种不良的走姿。

1．走路内八字或外八字。

2．弯腰驼背，摇头晃脑，扭腰摆臀。

3．膝盖弯曲，重心交替不协调。

4．左顾右盼，走路时抽烟，双手插裤兜。

5．身体松垮，无精打采。

6．摆手过快，幅度过大或过小。

（四）鞠躬

鞠躬是人们在生活中用来表示对人的恭敬而普遍使用的一种礼节，既适用于庄严肃穆或喜庆欢乐的仪式，又适用于一般的社交场合。随着社会文明程度的提高，鞠躬的使用越来越频繁，如图 2-26 所示。鞠躬时不礼貌的行为有以下几种。

1．鞠躬时不脱帽。

2．鞠躬时眼睛不往下看，而是翻起看着对方。

3．鞠躬前后不正视对方。

4．鞠躬时嘴里吃着东西或叼着香烟。

5．鞠躬时扭扭捏捏，装腔作势。

图 2-26　鞠躬

（五）手势

手是人体最灵活的部位之一，所以手势是体态语言中最丰富、最具有表现力的，手势的运用若得体适度，会起到锦上添花的作用。适当地运用手势，可以增强感情的表达。作为仪态的重要组成部分，手势的使用应注意以下几点。

1．手势的使用应该有助于表达自己的意思，不宜过于单调重复，也不能做得过多。

2．打招呼、致意，告别、欢呼、鼓掌等都属于手势范围，应该注意其力度的大小，速度的快慢、时间的长短，不可以过度，如看体育比赛、文艺演出或欢迎人到来时的鼓掌。

3．在任何情况下，不要用拇指指自己的鼻尖和用手指点他人。

4．介绍某人、为某人指示方向、请人做某事时，应该使掌心与地面成45°，手指自然并拢，以肘关节为轴指示方向，上身稍向前倾15°，以示敬重，这种手势被认为是诚恳、恭敬、有礼貌的。

手势案例

手势案例在日常生活和工作中广泛存在，它们不仅有助于增强沟通效果，还能传达出积极向上的情绪和态度。以下是一些典型的积极手势案例，并结合相关信息进行详细说明。

手　势	含　义
	**竖起拇指（点赞）：** 这个手势广为人知，用于表示赞同、鼓励或支持。在演讲、比赛或日常交流中，竖起拇指可以迅速传达出积极的信号，增强对方的信心。
	**握手：** 握手是一种普遍的社交礼仪，它传达出友好、尊重和合作的意愿。在商务会议、正式场合或初次见面时，握手可以有效地拉近人与人之间的距离，促进双方的合作与交流。
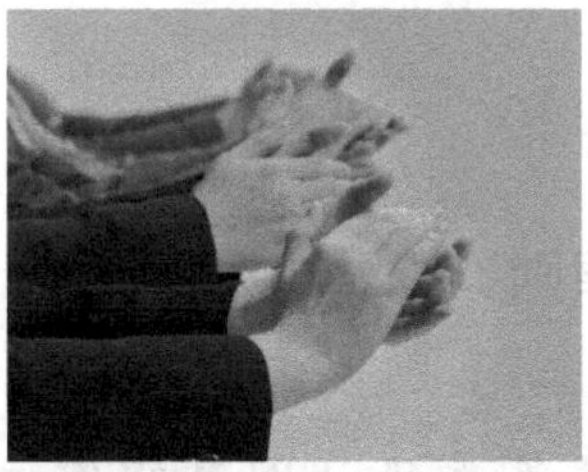	**鼓掌：** 鼓掌是一种表达赞赏、欢迎或庆祝的手势。在演讲、演出或重要场合中，鼓掌可以营造出热烈、积极的氛围，增强参与者的归属感和荣誉感。
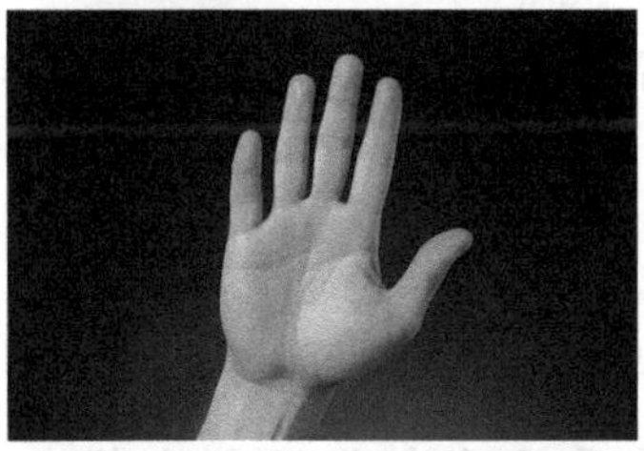	**挥手致意：** 挥手致意通常用于表示告别、问候或感谢。在公共场合或远距离交流中，挥手致意可以传达出友善、亲切的情感，让对方感受到自己的诚意和关心。

四、商务人员仪态设计的实践应用

商务人员的仪态设计，作为理论与实践并重的技能，在日常工作中占据举足轻重的地位。商务人员应将仪态设计的精髓内化于心，外化于行，在站立、端坐、行走以及面部表情与手势运用中，均体现出高度的专业素养与自律精神，实现知行合一。具体而言，在参与商务会议时，商务人员应依据会议的重要性与正式程度，精心选择并展现恰当的站姿与坐姿，以彰显其职业风范与会议态度。而在与客户沟通交流的过程中，商务人员则应当灵活运用所学的表情管理与手势技巧，以自信、专业的形象赢得客户的信任与尊重。

此外，商务人员还应保持持续学习与自我提升的态度，不断精进自身的仪态设计技能与专业素养。同时，对于细节的关注与处理亦不容忽视，任何细微之处的疏忽都可能影响商务人员的整体形象与商务活动的顺利进行。因此，商务人员需以严谨、细致的态度，对待每一次商务活动，确保每一个细节都尽善尽美。

价值导向教学案例

案例一：商务场合中的着装规范与职业素养

情境描述

在一家知名企业，员工们需要遵循一定的着装规范，以展示公司的专业形象。一位新员工因为不了解公司的着装要求，在参加一次重要会议时穿着随意，结果给公司形象带来了负面影响。

思政元素

职业素养：着装是展示职业素养的一种方式，员工需要了解并遵守公司的着装规范。

公司文化：通过着装规范，可以传递公司的文化和价值观，增强员工的归属感。

导入问题

1. 你认为商务场合中的着装规范有多重要？为什么？
2. 如果你是这位新员工，你会如何了解并遵守公司的着装要求？

案例二：商务沟通中的形象设计与诚信原则

情境描述

在一次商务洽谈中，一位销售代表通过夸大其词、虚假宣传等手段试图赢得客户的信任。然而，随着时间的推移，客户逐渐发现了真相，对这位销售代表和其所代表的公司失去了信任。

思政元素

诚信原则：在商务沟通中，诚信是建立长期合作关系的基础。

公司形象：员工的言行举止直接影响着公司的形象，因此需要注重个人形象的塑造。

导入问题

1. 你如何看待这位销售代表的行为？它给公司形象带来了哪些负面影响？
2. 在商务沟通中，你认为应该如何塑造自己的形象以展示诚信和专业素养？

案例三：跨文化商务交流中的形象设计与尊重原则

情境描述

在一家国际化企业，来自不同文化背景的员工们需要共同协作完成一项任务。在交流过程中，一位员工因为不了解其他国家的文化习俗，做出了一些不恰当的举止，导致团队氛围紧张。

思政元素

尊重原则：在跨文化交流中，尊重不同文化的习俗和价值观是建立良好关系的前提。

团队协作：在国际化团队中工作要求商务人员具备跨文化协作能力，共同推动任务的完成。

导入问题

1. 你认为在跨文化商务交流中应该如何塑造自己的形象以展示尊重和专业素养？
2. 如果你遇到类似情境，你会如何采取措施来缓解团队氛围的紧张？

礼仪故事

鲁迅的礼貌待人

鲁迅是中国现代文学的奠基人之一，他在生活中对待他人非常有礼貌。有一次，他到一个朋友家做客，朋友的孩子请他签名并请求他写一句话。鲁迅微笑着答应了，并写下了“学如逆水行舟，不进则退”的勉励名言。这个事例体现了鲁迅对待晚辈的关爱和尊重。

知识巩固

一、选择题

1.【单选】在商务场合中，以下哪种颜色的西装套装通常被认为是较为正式的？（　　）

A．黄色　　B．深蓝色　　C．红色　　D．绿色

2.【单选】以下哪种场合适合穿着休闲装？（　　）

A．重要商务会议　　B．商务宴请

C．商务旅行　　D．签约仪式

二、判断题

1．在商务场合中，女士应避免穿着过于暴露的服装，以免影响专业形象。（　　）

2．男士在商务场合中，应选择带有明显条纹或图案的衬衫，以展现个性。（　　）

三、填空题

1．在商务交往中，个人形象魅力的外在特征包括________和________两种吸引力。

2．商务人员在选择发型时，应考虑个人的________、________以及商务场合的要求。

3．在商务场合中，保持________的站姿能够衬托出美好的气质和风度。

4．商务人员在与客户沟通交流时，应灵活运用________与________技巧，以自信、专业的形象赢得客户的信任与尊重。

四、问答题

1. 商务女士日常皮肤护理的正确方法是什么？

2. 根据国际礼仪惯例，商务男士在正式场合穿着西服时，颜色的选择和西服上衣的纽扣系法？

礼仪实训

【实训背景】

假设你要代表公司参加一次商务谈判活动，请你为自己选择合适的发型、进行仪容的修饰、化妆，并选取合适的职业套装和饰物，进行全身的搭配。

【实训要求】

1. 每位同学先分别为自己设计发型、妆容，着职业套装（西装/套裙）。

2. 以小组为单位，小组成员间互评。参照小组成员的建议，改进自己的仪容。

3. 完成后，拍照上传自己的职业装照片。

项目三 商务交往礼仪

项目导读

商务交往礼仪，作为商务活动中的重要组成部分，是构建商业关系、促进商业合作的桥梁和纽带。在竞争激烈的商业环境中，掌握并运用好商务交往礼仪，对于提升个人职业素养、塑造企业形象、推动商业发展具有不可忽视的作用。

本项目旨在帮助学生全面系统地了解商务交往中的礼仪规范和行为准则，掌握商务交往中的沟通技巧，提高人际交往能力，从而能够在商务活动中恰当地处理各种复杂的情景，为商业合作与发展奠定坚实的基础。

学习商务交往礼仪对于个人和企业的发展都具有重要意义。对于个人而言，掌握商务交往礼仪可以提升个人的职业素养和综合能力，使自己在商业交往中更加自信、从容和有魅力。同时，还可以为自己赢得更多的职业机会和发展空间。对于企业而言，培养一支具备良好商务交往礼仪的团队可以提升企业的整体形象和品牌价值，增强企业的竞争力和市场影响力。同时，还可以为企业赢得更多合作伙伴的支持与信任。

总之，本项目将带领学生走进商务交往的世界，领略其独特魅力和重要价值。通过学习并运用商务交往礼仪的规范和技巧，学生不仅能够提前适应职场环境，提升未来就业竞争力，还能够培养其良好的职业习惯和人际沟通能力，从而促进个人职业素养的全面发展，为未来的职业生涯铺平道路。

学习目标

知识目标

1. 掌握商务交往的一般原则。
2. 了解商务人员面部表情在交往中的作用和正确表达方式。
3. 熟悉商务人员握手的正确方法和注意事项。
4. 掌握商务场合中致意的恰当方式。

5. 理解商务人员介绍礼仪的规范。
6. 学习商务场合递接名片的正确礼仪。
7. 掌握商务交谈中的基本原则和注意事项。
8. 了解商务交往中位置安排的礼仪规则。

能力目标

1. 能够在商务交往中运用一般原则，妥善处理各种关系。
2. 能够控制和运用面部表情，展现专业形象。
3. 能够正确执行握手礼仪，给对方留下良好印象。
4. 能够根据不同商务场合运用恰当的致意礼仪。
5. 能够熟练地进行商务人员之间的相互介绍。
6. 能够规范地递接名片，体现专业素养。
7. 能够在商务交谈中运用礼仪知识，有效沟通。
8. 能够合理安排商务交往中的位置，体现尊重和礼貌。

素质目标

1. 培养遵守商务交往礼仪的职业素养。
2. 增强面部表情管理能力，提升个人魅力。
3. 提高握手礼仪意识，展现良好的职业形象。
4. 增强致意礼仪的自觉性，体现个人修养。
5. 提升介绍礼仪的运用能力，促进人际关系和谐。
6. 培养递接名片的专业礼仪，增强职业感。
7. 提高交谈礼仪的运用能力，促进有效沟通。
8. 增强位置礼仪意识，维护良好的商务交往秩序。

引导案例

某家高端家具制造公司 A 想要拓展其市场份额，与一家知名的房地产开发商 B 进行商务洽谈，希望成为其精装房项目的家具供应商。

在初次商务会晤中，A 公司的销售经理李先生准时到达，穿着得体，举止大方。他首先向 B 公司的代表表达了感谢，并表示对他们的精装房项目有浓厚兴趣。在会谈过程中，李先生始终保持着专业的态度和礼貌的用语，对 B 公司提出的每一个问题都给予了详细且专业的解答。同时，他还注意到 B 公司的代表对某款新型环保材料特别感兴趣，于是适时地介绍了 A 公司在这方面的研发成果。

经过这次愉快的会晤，B公司对A公司的专业能力和服务态度表示了高度的认可，双方很快就达成了合作意向。

【思考】

商务交往礼仪在案例中的作用是什么？

知识讲堂

任务1 商务交往的一般原则

商务交往是商业领域中的核心组成部分，它涉及企业与企业之间、商务人员与客户之间的沟通和合作。在商务交往中，遵循一定的原则和规范具有深远意义，这些原则不仅能够促进商务活动的顺利进行，还有助于建立良好的商业关系。

一、相互尊重原则

在商务交往中，交往的双方都需要遵守相互尊重原则。相互尊重是商务交往中建立良好人际关系的必要前提。商务交往作为商务人员之间或商务人员与客户之间的沟通方式，是主动的、相互的、有来有往的。人都有受人尊重的需要，都希望得到别人的平等对待。作为商务人员，要十分重视这种相互尊重的需要，尊重你的客户的同时也会为自己赢得尊重。具体而言，相互尊重原则体现在以下两个方面。

（一）尊重对方的个人尊严

在商务交往中，商务人员应尊重对方的人格和尊严，避免使用侮辱性、攻击性的言语。

（二）尊重对方的企业文化和价值观

不同的企业有不同的文化和价值观，商务人员在交往中应尊重同对方的差异，避免对对方的企业文化和价值观进行批判或贬低。

二、平等原则

平等原则是商务交往中的重要原则。它要求商务人员在交往中保持平等、公正的态度，不偏袒任何一方。平等原则体现在以下几个方面。

（一）平等对待所有交往对象

商务人员在交往中应平等对待所有交往对象，无论对方的身份、地位如何，都应给予同等的尊重和关注。

（二）公正处理商务纠纷

在商务交往中，难免会出现矛盾和纠纷。商务人员应公正处理这些情况，遵循公平、公正的原则，维护双方的合法权益。

（三）反对任何形式的歧视

商务人员在交往中应反对任何形式的歧视，包括性别歧视、种族歧视、地域歧视等，营造一个平等、和谐的商务环境。

三、心理相容原则

一般来说，在商务交往过程中，交往的双方往往会察觉到彼此之间存在着一定的心理距离，存在不相容的心理状态。这种距离会令双方产生思想隔阂，甚至会使双方关系变得紧张，从而错过促成合作的机会。若想缩小这种心理上的差异，使人与人的交往能多一分和谐、多一分信赖，就要做到心理相容，保持开放和宽容的态度，增加互动频率，寻找双方共同点，学会谦虚与理解。

四、适度原则

讲究礼仪是对交往对象的一种尊重，但凡事过犹不及。在商务交往中，要根据时间、地点、环境等条件，对不同的交往对象施以不同的礼仪。施礼过度或不足，都是失礼的表现。

适度原则强调在商务交往中把握分寸，避免过度或不足。这要求商务人员在交往中既要展现出自己的专业素养和个性魅力，又要考虑他人的感受和需要，以达到双方都能接受的良好效果。具体而言，适度原则包括以下几个方面。

（一）言语表达的适度

商务人员在交流中应注意言语表达的得体和礼貌，既要表达清晰、准确，又要避免过于直接或尖锐的言辞方式。

（二）着装打扮的适度

在商务场合中，得体的着装是展现个人素养和企业形象的重要手段。商务人员应根据不同的场合选择合适的服装，既要符合商务礼仪的规范，又要展现出自己的个性和品位。

（三）行为举止的适度

商务人员在交往中应保持端庄、大方的举止，既要展现出自己的自信和从容，又要尊重他人的感受和习惯。

（四）时间安排的适度

在商务活动中，合理的时间安排是体现尊重和效率的关键。商务人员应提前规划好活动流程和时间节点，确保活动能够有序进行。

五、真诚原则

商务人员的交往礼仪运用得好坏，关键在于态度是否真诚。如果能抱着诚意与客户交往，那么你做出的行为会自然而然地表现出对对方的关心与关爱。要让对方感觉到，你十分愿意与他进行商业来往。具体而言，真诚原则具有以下几种功能。

（一）建立信任关系

在商务交往中，信任是合作的基石。真诚原则有助于交往双方建立起坚实的信任关系。

（二）提升沟通效率

真诚原则能够促进交往双方的深入沟通。当商务人员真诚地表达自己的观点和需求时，对方更容易理解并作出积极响应。

（三）塑造良好形象

遵循真诚原则的商务人员在交往中能够展现出专业、可靠的形象，从而为企业赢得良好的声誉和口碑。这种正面形象有助于企业在激烈的市场竞争中脱颖而出。

六、诚信原则

在商业交流中，构建和维护信任关系是其核心所在。诚信原则作为商业交流的根本，要求商务人员在过程中始终坚守诚实与守信的原则。这一原则不仅体现了商务人员的专业素养，也是企业信誉和形象的重要标志。

（一）恪守承诺

在商业交流中，一旦承诺确立，商务人员应全力以赴确保其得以兑现。恪守承诺是诚信原则的具体表现，也是赢得客户信任的关键。

（二）透明沟通

诚信原则强调商务人员在沟通时应保持透明，不隐瞒任何关键信息。通过坦诚的交流，商务人员能够与客户建立起更加紧密和稳固的合作关系。

（三）维护企业信誉

诚信原则不仅关乎个人行为，更与企业整体形象息息相关。商务人员应始终牢记自己的职责与使命，通过诚信的行为来维护企业的良好信誉和形象。这样的信誉和形象将是企业在激烈市场竞争中的宝贵资产。

任务 2　商务人员面部表情礼仪

在商务交流中，面部表情作为传递信息与表达情感的关键手段之一，其重要性不言而喻。商务人员的面部表情直接关联到他人对其专业素养的评估，并深刻影响着商务活动的整体氛围与成效。鉴于此，商务人员应深刻认识到掌握得体面部表情礼仪的重要性，以确保在商务场合中展现出最佳的专业形象与沟通效果。

一、面部表情的重要性

面部表情作为人类情感的自然体现，在人际沟通中扮演着重要的角色。

首先，面部表情对于商务人员而言，是展现其自信和从容的重要途径。一位面带微笑、眼神坚定的商务人员，往往能够赢得他人的信任和尊重，为商务活动的顺利开展奠定坚实的基础。

其次，面部表情有助于营造和谐的商务氛围。在商务交流中，恰当的面部表情能够缓解紧张情绪，拉近双方的距离，使商务活动在一种轻松愉快的氛围中进行，有助于促进双方的沟通和合作。

最后，面部表情还能够增强言语表达的效果。在商务交流中，语言和面部表情的相互配合，能够使信息的传达更加准确、生动，有助于提高沟通的效率和质量。

二、商务人员面部表情的基本要求

商务人员应当展现出自然真诚的面部表情，避免矫揉造作，通过真诚的微笑和友善的眼神传递友好与善意，进而增进双方的理解与信任。在商务场合中，面部表情的展示应适度得体，既不过于夸张也不过于严肃，以展现专业素养与自信从容。尊重他人的感受与习惯是商务交往中不可或缺的一环，避免使用带有侮辱或攻击性的面部表情。此外，商务人员还应具备灵活应变的能力，根据不同情境与对象适时调整面部表情，对于不同文化背景的人，应秉持理解的态度，以免因面部表情使用不当而导致误解或冲突。面部表情如图 3-1 所示。

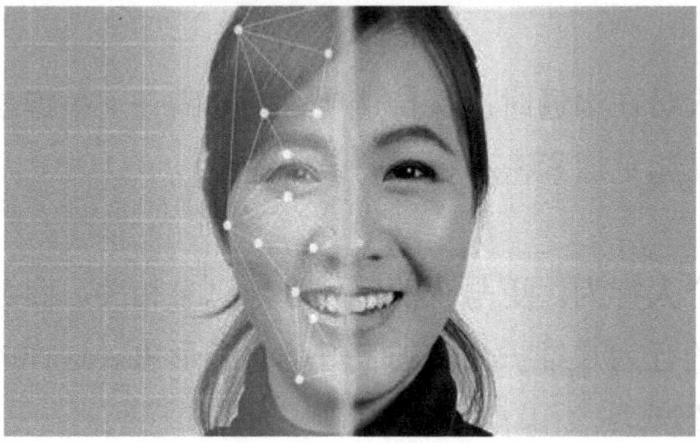

图 3-1　面部表情

三、商务人员常见的面部表情及其含义

（一）微笑

笑，作为眼、眉、嘴及脸部整体动作的集合，其表现形式多种多样，包括皮笑肉不笑、开怀大笑，以及含蓄地回头一笑等。而微笑，作为这些笑容中最常见且最具普遍适用性的一

种，在人际交往中发挥着至关重要的作用。若一个人缺乏微笑，他可能会遭遇诸多挑战，错失许多本应属于他的机遇与财富。

（二）严肃表情

在商务交往的特定环境中，有时需要商务人员展现出一种严肃而认真的态度。特别是在商务谈判、会议等正式场合，恰当的严肃表情能够充分展现商务人员的专业素养与严谨作风。然而，值得注意的是，严肃表情并不等同于冷漠或傲慢。商务人员在保持必要的严肃性的同时，更应注重与他人的情感交流与互动，以确保商务活动的顺利进行。

四、如何运用面部表情促进商务交往

商务人员应具备敏锐的观察力，善于捕捉他人面部表情的微妙变化，以此为依据获取有价值的信息，并据此做出恰当的回应。具体而言，当对方展露满意的微笑时，商务人员应不失时机地表达感激与赞赏之情；而当对方流露出疑惑或不满时，则应迅速进行解释与沟通，以消除潜在的误解。

在商务交往中，互动与情感交流同样重要。商务人员应致力于构建积极的情感联系，通过面部表情展现友好交流与合作意愿。例如，在交谈过程中，适时地点头、微笑，以表达认同与鼓励；在倾听他人发言时，保持专注的眼神交流，以示尊重与关注。

此外，商务人员还应具备高度的灵活性，能够根据不同情境与对象，灵活调整面部表情，以满足多样化的需求。面对不同文化背景与商务习惯的个体，商务人员应秉持包容与理解的态度，尊重对方的感受与习惯。在遭遇突发状况或挑战时，则应保持冷静与自信，通过积极的面部表情传递出解决问题的能力与决心。

任务3　商务人员握手礼仪

一、商务人员握手礼仪的含义

握手作为人际交往中常见的礼节，尤其在商务活动中，占据着举足轻重的地位。它不仅是表达友好的方式，还是商务人员传递态度与个性的重要手段。通过握手的力度、姿态以及持续时间的把握，能够细腻地体现对对方的态度，彰显个人特质，进而给对方留下深刻且持久的印象。

握手礼仪不仅体现了尊重和礼貌，还象征着平等与友好。作为一种非语言沟通方式，握手能够传递信任、合作的意愿，以及对协议的确认和承诺。此外，它也是展现个人社交素养和文化敏感度的重要途径。正确执行握手礼仪，有助于在商务和社交场合中建立积极的人际关系。握手礼如图3-2所示。

图 3-2　握手

二、握手礼仪的场合

握手礼仪作为一种商务礼仪，广泛应用于各类商务活动中，包括但不限于初次见面、商务洽谈、会议交流以及合作签约等环节。在这些重要场合，通过恰当的握手礼，商务人员能够展现出其友好姿态与专业素养，从而为商务活动的顺利推进奠定坚实的基础。

三、握手的几种方式

（一）控制式握手

控制式握手是一种在谈判或商务会议中使用的手法，旨在通过握手的方式传达出自信和优势。在进行控制式握手时，通常有以下注意事项。

1．确保你的握手坚定有力，但不要过于用力以至于对方感到不舒服。

2．在握手时，保持眼神交流，这可以显示出你的自信和诚意。

3．握手的时间不宜过长，也不宜过短，保持适度。

4．在握手的同时，可以轻微地将对方的手臂向你这边拉动，这样可以显示出你的主导地位。

5．避免使用湿冷的手掌，保持手部干燥和温暖。

需要注意的是，这种握手方式可能会被视为过于强势或不礼貌，因此在使用时需要考虑文化差异和对方的个性。

（二）恭敬式握手

反之，若个体以手心向上的方式与他人握手，则明确表达出对对方的尊重、敬仰，同时也显示出自己的谦和、容易接近，传递一种礼貌、谦逊和愿意配合的信息。若更进一步，以双手捧接对方的手，则更加凸显了握手者的谦恭态度，表明其对对方的尊重与礼貌达到了一个较高的层次。在进行恭敬式握手时，通常有以下注意事项。

1．确保您的手是干净且干燥的。

2．当您伸出手时，确保手掌向上，以示尊重。

3．握手时，目光应与对方保持接触。

4. 握手力度要适中，既不过于软弱，也不过于用力。

5. 握手时间不宜过长，一般为 2 到 3 秒。

6. 握手结束后，可以适当点头或微笑，以示友好。

（三）标准式握手

标准式握手通常指的是两个人在见面时为了表示友好而进行的一种礼节性动作。进行标准式握手时，通常有以下注意事项。

1. 面带微笑，保持眼神交流，以表示友好和自信。

2. 伸出右手，手掌与地面垂直，手指自然并拢。

3. 握手时，手掌与对方的手掌相握，力度要适中，既不过于松软，也不过于用力。

4. 握手的时间不宜过长也不宜过短，一般持续 2 到 3 秒为宜。

5. 握手时，可以轻微地上下晃动 2 到 3 次，以示友好。

6. 握手结束后，自然松开，并保持微笑。

在不同文化中，握手的规则可能略有不同，因此在国际商务场合中，应提前了解并尊重对方的文化习惯。

四、商务人员握手礼仪的规范与注意事项

（一）握手礼仪的规范与技巧

1. 姿势规范

握手时，双方应保持适当距离（约 1 米），站立姿态端正，上身轻微前倾以示尊重。右手伸出，四指紧密并拢，拇指自然张开，与对方手部相握。握手力度需适中，既不过紧也不过松，同时伴随轻微上下晃动数次后松开，恢复原有站立姿态。

2. 先后顺序

在商务环境中，握手顺序通常遵循“尊者先伸手”的礼仪原则，即地位尊贵或年长者应率先伸出手以示友好。若双方地位相当或难以判断时，可遵循“同时伸手”的原则，以彰显平等与尊重。

3. 目光交流

握手过程中，应保持与对方的目光接触，注视其眼睛或面部区域，以表达关注与尊重。避免目光游离或四处张望，以免给对方留下不专注或不尊重的印象。

4. 态度真诚

握手旨在传递友好与尊重之情，因此务必保持真诚态度。面带微笑，展现出友好与善意，让对方深切感受到你的诚意与热情。

（二）握手礼仪的注意事项

1. 避免左手握手

在商务场合中，应严格遵循使用右手进行握手的礼仪规范，避免使用左手。因为在有些

文化中，使用左手握手可能被视为不尊重或冒犯对方。

2．防止交叉握手

当多人同时参与握手时，应特别注意避免形成交叉握手的局面。交叉握手可能令对方感到不适或尴尬，进而影响商务交往的融洽氛围与效果。

3．摘掉手套再握手

在握手之前，务必摘掉手套。戴着手套握手可能让对方感受到不被尊重或被忽视。若因特殊原因（如卫生或安全要求）无法摘掉手套，应向对方说明情况并表达歉意。

4．保持专注握手

握手时应全神贯注、态度认真。避免在握手过程中接打电话、查阅文件或与他人交谈等行为，以免给对方留下被忽视或不尊重的印象。

任务 4　商务人员致意礼仪

在国内商务交往中，除了握手礼仪之外，商务人员还常采用相互致意作为见面礼仪。在商务活动中，致意礼仪是商务人员展现个人素养，表达对他人尊重与友好情感的重要手段。鉴于此，商务人员应精通并恰当运用致意礼仪，以确保商务交流的顺利进行。

一、致意的含义

在商务活动中，致意作为商务人员常用的礼节之一，旨在传达问候与尊敬之情。随着现代生活节奏的日益加快，致意已逐渐演变为日常人际交往中最为频繁使用的礼节形式。此礼节并无过于严苛的规范与要求，它广泛应用于相识之人或仅有一面之缘的个体之间，在各种场合中作为打招呼的方式。

二、致意礼仪的重要性

在商务交往中，致意礼仪占据着至关重要的位置。

首先，它直接反映了商务人员的个人素养。一位温文尔雅、诚以待人的商务人员，往往能够赢得合作伙伴的信赖与好感，为商务活动的成功奠定坚实的基础。

其次，致意礼仪对于营造和谐融洽的商务环境具有显著的促进作用。在商务场合中，恰当的致意礼仪能够迅速拉近双方的心理距离，有效缓解紧张氛围，使商务活动在更加轻松愉快的氛围中顺利进行。

最后，致意礼仪对于提升企业形象也具有不可忽视的重要性。商务人员作为企业形象的重要代表，其在商务活动中展现出的礼仪风范，将直接关联到外界对企业的整体评价与认知。

三、致意的几种方式

（一）点头礼

点头礼是一种适用于特定场合的礼仪形式，主要适用于不宜与对方进行交谈的情境。例如，正在进行会议或会谈时，或在人声嘈杂的街道上行进时，抑或在影院、剧院等公共场合中，与仅有一面之交者在商务交往中偶然相逢，以及在同一场合中与相识者多次见面时，点头礼均可发挥其独特作用。

在商务场合中，当遇到身份显赫的领导人时，若对方并未主动伸出手来行握手礼，则应以礼貌的方式向其点头致意，以此表达欢迎与尊重之情。

1．点头礼的内涵

（1）日常打招呼

在商务环境中，当与熟人或同事不期而遇时，点头礼作为一种简洁的打招呼方式，能够有效传达友好与关注之情。

（2）表示认同

在商务交流或会议讨论过程中，若对方提出观点或建议，点头礼可作为一种非言语的反馈，表明自身的认同与支持。

（3）表示赞赏

在商务活动中，当对方展现出卓越表现或取得显著成就时，点头礼则成为表达赞赏与祝贺的恰当方式。

2．点头礼的注意事项

（1）适度自然

点头礼的运用需遵循适度原则，避免过于频繁或夸张，以保持自然流畅，防止产生刻意或不自然之感。具体使用时，应根据情境变化及对方反应灵活调整点头的幅度与频率。

（2）搭配微笑

点头礼与微笑的结合能够进一步营造友好的氛围，展现出积极的沟通态度。微笑应真诚自然，避免僵硬或做作，以增强点头礼的亲和力。

（3）保持目光交流

在行点头礼时，与对方保持适度的目光交流十分重要，这既是关注与尊重的体现，也是商务礼仪的基本要求。目光应自然、真诚，避免游离或躲闪，同时也要注意避免直视或长时间凝视对方，以免造成不必要的尴尬或不适。

3．点头礼的实践建议

（1）培养习惯

商务人员应将点头礼纳入日常礼仪训练，通过反复练习与实践，逐渐将其内化为一种自然习惯。在镜子前进行自我检查与调整，确保点头幅度与频率的得体性。

（2）注重情境

点头礼的运用需充分考虑具体情境与对方反应。在正式场合或面对尊贵客人时，应采用更为庄重、规范的点头方式；而在非正式场合或面对熟悉同事时，则可适当放松要求，采用更为轻松、自然的点头方式。

（3）结合其他礼节

为丰富礼仪内涵，提升沟通效果，商务人员在运用点头礼时还可考虑与其他礼仪形式相结合。如握手致意时辅以轻微点头，或在欠身致意时以目光注视对方并点头示意等，均能有效增强礼仪的表达力与感染力。

（二）欠身礼

欠身礼是一种表达尊重和关注的礼仪动作，具体表现为身体微微向前倾斜，而在此过程中，需保持头部与颈部的直立状态，目光则需聚焦于对方，以此展现对对方的敬重与重视。欠身礼如图 3-3 所示。

图 3-3　欠身礼

1．欠身礼的适用场合

（1）接待客人

当商务人员在公司或办公室接待来访客人时，可采用欠身礼以表达对其的欢迎与尊重。

（2）会议发言

在商务会议期间，当轮到个人发言时，可实施欠身礼向与会人员致意，以彰显个人的谦逊态度及对他人的尊重。

（3）颁奖仪式

在颁奖典礼上，颁奖者宜以欠身礼向获奖者表达祝贺与敬意。

2．欠身礼的注意事项

（1）角度与深度

欠身礼的倾斜角度应控制在适宜的范围内，一般建议为 15° 左右，具体可根据场合及对方身份地位进行调整。

（2）姿势与表情

执行欠身礼时，需确保身体姿态端正、自然，避免采用不雅或随意的姿势。

（3）目光交流

在进行欠身礼的同时，应与对方保持目光接触，以体现关注与尊重。目光应自然、真诚，避免游离或回避。

3．欠身礼的实践建议

（1）学习规范

商务人员可通过研读礼仪书籍、观看礼仪教学视频，或参与礼仪培训课程等途径，深入了解并掌握欠身礼的规范与技巧。

（2）勤加练习

在日常工作与生活中，商务人员应多加练习欠身礼，以逐步形成良好的礼仪习惯。

（3）注重细节

在执行欠身礼时，应关注细节，如保持服饰整洁、注重个人形象等，以充分展现个人的专业素养与礼仪修养。

（三）鞠躬礼

鞠躬礼，作为一种表达敬意与感激的致意方式，其形式更为正式，且蕴含的情感更为深厚。鞠躬礼如图 3-4 所示。

1．鞠躬礼的分类及适用情境

根据鞠躬的角度与深度，鞠躬礼可分为 30 度鞠躬、45 度鞠躬与 90 度鞠躬，每类在商务活动中都承载着不同的意义与功能。

（1）30 度鞠躬

此类鞠躬方式适用于较为正式的场合，如接待重要宾客、长辈、上级等，也适用于社交场合、演讲、谢幕等，表示对观众的尊重。

（2）45 度鞠躬

此类鞠躬方式通常用于表达较高的敬意，适用于初见客户或向其表达感谢时，以及在一些正式仪式中，如在商务会议或重要活动结束时，向嘉宾或合作伙伴表达感谢和敬意。

（3）90 度鞠躬

这是一种非常正式的鞠躬方式，通常用于表达对长辈、上级等最深层次的敬意，也适用于获奖者在接受重要奖项时使用。

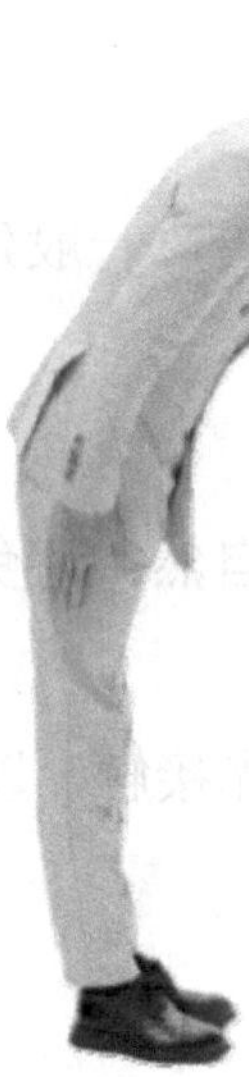

图 3-4　鞠躬礼

2．鞠躬礼的注意事项

（1）姿势标准

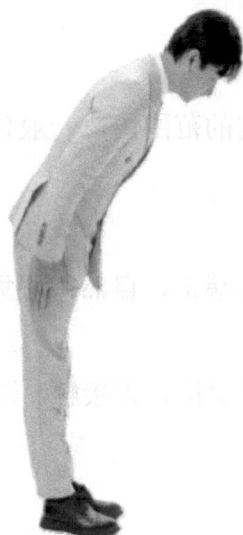

鞠躬时，身体需保持直立，双脚并拢或轻微分开，双手自然下垂或交叠置于身前。同时，保持身体平衡与稳定，避免摇晃或倾斜。

（2）态度真诚

鞠躬礼旨在表达敬意与尊重，因此在进行时需保持真诚的态度。同时，应避免在鞠躬时做出不雅或随意的动作。

（3）适度为宜

鞠躬的幅度与时间需根据具体场合与对方的身份地位进行适当调整。一般而言，鞠躬幅度不宜过大或过小，时间也不宜过长或过短。应避免过于夸张或敷衍的鞠躬方式。

3．鞠躬礼的实践建议

（1）规范鞠躬的姿势

进行鞠躬时，应保持站立姿势并摘下帽子，目光应随着鞠躬动作自然下移，避免斜视或四处张望。男士应将双手自然下垂，置于身体两侧裤线旁；女士则应将双手下垂并置于腹部前方。身体上半部向前弯曲至适当角度后，应恢复至初始状态。

（2）了解鞠躬的适用场合

鞠躬礼不仅适用于庄严或喜庆的仪式，也适用于日常社交场合，无论是公共场合还是家庭环境。例如，学生对老师、晚辈对长辈表达敬意时，以及上台演讲、演员谢幕等场合，鞠躬礼都是恰当的表达方式。

（3）留意鞠躬的礼仪细节

在行鞠躬礼之前，若已佩戴帽子，应该遵循脱帽的礼仪。向左侧的人鞠躬时，应用右手摘帽；向右侧的人鞠躬时，则应用左手摘帽。在鞠躬过程中，不得进食或口含香烟。鞠躬礼完成后，起身时应以礼貌的目光注视对方，以示敬意和尊重。

（四）挥手礼

挥手礼通常在告别时作为一种加强的礼节使用，即在已经完成握手礼之后，在双方距离拉开时所进行的补充礼节，它同样适用于一对多的场合。作为传统礼节中的手势，挥手礼在我国传统礼仪中占有重要地位。其简洁、亲切、迅速和明确的特点，有效地传达了人们的情感和态度。在正式场合或日常生活中恰当使用挥手礼，能够展现个人的礼仪修养和对他人的敬意。挥手礼如图 3-5 所示。

图 3-5　挥手礼

1．挥手礼的适用场合

（1）迎接与告别

在迎接来宾时，轻柔地挥动手臂能够传递出友好和亲切的情感。

在告别之际，挥动手臂同样可以表达期望再次相见、祝福等美好的愿望。在迎接宾客时，轻柔地挥动手臂可以传递友好和亲切之情。告别时，挥动手臂则表达了期待重逢和美好祝愿的情感。此类礼仪在车站、码头、机场等大型交通枢纽尤为普遍，当亲人或朋友远行时，通常以挥手礼来表达离别之情。

（2）招呼与问候

在日常生活中，遇到熟人或朋友时，挥动手臂是一种打招呼的方式，表达对对方的关注和友好。在工作场合，同事间相遇也可用挥手礼互致问候。

（3）特殊场合的示意与指挥

在体育赛事、庆典活动或交通路口等特殊场合，挥动手臂可用作示意或指挥。例如，交通警察指挥交通或演唱会上的互动指挥。

（4）表达情感与兴奋

挥手礼亦可用于表达感动、兴奋或激动的情绪。在大型活动或比赛中，挥动手臂可以表达激动、兴奋的情绪，是观众或参与人员情感的外化。

2．挥手礼的注意事项

（1）身体姿态

保持身体挺直，避免行走或摇晃，以展现稳重和尊重。

（2）目光交流

应直视对方，即便手势再标准，若不与对方进行目光交流，则可能被解读为“无视”，从而造成不必要的误解。

（3）手臂动作

手臂应向前伸展，可使用单手或双手。手臂应尽量向上、向前伸展，指尖朝上，避免手臂过低或过度弯曲。在挥手过程中，动作应保持流畅与自然。

（4）掌心朝向

掌心应朝外，这是挥手礼的重要细节，错误的掌心方向可能给人留下不礼貌或敷衍的印象。

（5）避免误解

注意挥手礼在不同文化和语境中的含义差异，避免过于随意或夸张的挥手动作，以免造成误解。

3．挥手礼的实践建议

（1）执行挥手礼时，动作应自然得体。掌心朝外，面对对方，指尖朝上，手掌展开，传递友好与真诚。

（2）挥手礼的幅度和频率应适度。在重要场合或需强调要点时，适度挥手可增强语言表达力，但频繁挥手可能显得不够稳重。

（3）挥手时应注意眼神、面部表情等身体语言的协调。在挥手的同时，用眼神与对方进行交流，展示出真诚与热情。同时，保持微笑可进一步营造友好氛围，使对方感受到你的善意与尊重。

（4）了解并尊重不同文化背景下挥手礼的含义和表现形式。在跨文化交流中，根据具体情境和文化背景适当调整挥手礼。

四、商务人员致意礼仪的注意事项

商务人员在运用致意礼仪时，需高度关注时机与场合的适宜性。具体而言，在正式场合或重大仪式中，应采用更为庄重且符合规范的致意方式，以彰显对场合的尊重与重视；而在非正式场合或日常交流中，则可采取更为轻松自然的致意方式，以营造温馨和谐的氛围。

此外，商务人员还应充分尊重他人的习惯与意愿。在商务活动中，可能会遇到因个人习惯、宗教信仰或健康状况等原因而不愿进行身体接触的人。面对此类情况，商务人员应展现出高度的理解与尊重，灵活调整致意方式，采用其他恰当且能体现友好与尊重的方式来表达自己的诚意。

最后，致意礼仪不仅仅是形式上的礼节表达，更是商务人员内心情感的真实反映。在商务活动中，商务人员应始终保持真诚与热情的态度，通过诚挚的问候与友好的微笑来传递正能量，感染并带动周围的人，共同营造出和谐融洽的商务环境。

五、致意礼仪的实践与提升

为了精准掌握并恰当应用致意礼仪，商务人员需要在实践中持续学习。商务人员可以通过研读礼仪相关书籍、观看礼仪教学视频、参与礼仪培训课程等多元化途径，全面了解和掌握各种致意礼仪的规范与技巧。在日常工作与生活中，商务人员需勤加练习，将所学理论转化为实际行动，进而培养出良好的礼仪习惯。最后，商务人员还需定期进行总结与自我反思，及时发现并纠正自身在致意礼仪方面的短板与问题，不断完善并提升自身的礼仪素养。

任务 5　商务人员介绍礼仪

自古以来，我国便高度重视初次见面的介绍礼仪。随着社会的不断进步与发展，商务交往中的介绍礼仪已逐渐融入更加多元和先进的元素，并被广泛认可与应用。在商务活动中，掌握介绍礼仪已成为商务人员的重要技能之一。

一、介绍的含义

介绍，作为商务交往中的一项基础且常规的活动，是双方进行沟通、深化了解以及构建联系的基础。它不仅是沟通的起点，更是促进人际关系发展的基石。在日常生活中，与陌生人的初步相识乃至友情的建立，很大程度上依赖于相互之间的介绍或是个人主动进行的自我介绍。这一过程不仅有助于打破初次见面的尴尬，还能为双方后续的深入交流奠定良好的基础。介绍如图 3-6 所示。

图 3-6　介绍

二、介绍的基本原则

在进行介绍时，商务人员应该遵循以下基本原则。

（一）尊重原则

必须充分尊重被介绍者的个人意愿与感受，避免任何形式的强迫或冒犯行为。

（二）清晰原则

介绍内容需准确无误地涵盖被介绍者的姓名、职务以及与本次商务活动的关联性。

（三）礼貌原则

整个介绍过程应采用礼貌得体的言辞与举止，以彰显个人友善与尊重的态度。

三、介绍的种类

在商务活动中，介绍可细化为自我介绍、他人介绍和集体介绍三大类别。

（一）自我介绍

为了确保自我介绍的有效性和专业性，商务人员应注意以下事项。

首先，要把握合适的时机。自我介绍应选择在对方闲暇时，注意力集中且周围环境相对宁静。这样可以避免在对方忙碌或环境嘈杂时实施，以防信息受到干扰，削弱交流效果。

其次，需精心组织内容。自我介绍的内容应力求简洁精练，核心涵盖个人姓名、身份标识、所属单位及此行目的等关键信息，确保信息传达的明确性与完整性。

最后，要持有正确的态度。在自我介绍过程中，商务人员应秉持友善、自信与真诚的态度，以清晰流畅的语言进行表达，避免言语上的迟疑或含糊，以展现个人的专业素养与良好的沟通风范。自我介绍如图 3-7 所示。

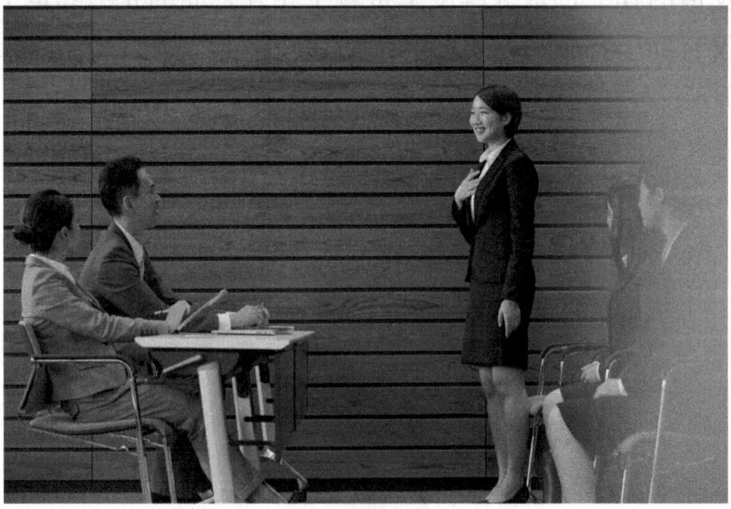

图 3-7　自我介绍

（二）他人介绍

在商务场合中，他人介绍经第三人为彼此不相识的双方引荐、介绍的一种交际方式。商务人员在执行此任务时，需注意以下事项。

首先，要按照正确的顺序进行介绍。商务人员应秉持“尊者优先”的核心理念，即先介绍身份尊贵或年长者，还需根据现场实际情况灵活调整介绍顺序，以避免造成不必要的尴尬或冒犯。

其次，需认真准备介绍的内容。商务人员应确保介绍信息的准确无误，清晰传达被介绍人的姓名、身份以及与当前商务活动的关联。此外，可适当提及被介绍人的专业特长、显著成就或积极特质，以加深他人对其的认知与好感。但需注意，介绍的内容务必真实可信，避免夸大其词或虚构事实，以免适得其反，引发他人反感。

最后，应展现专业的态度。商务人员在执行介绍任务时，应持有友善、尊重与热情的态度。采用礼貌得体的语言，坚决规避不体面或冒犯性的言辞。同时，保持微笑并维持良好的目光交流，以彰显自身的专业素质，为商务活动营造和谐融洽的氛围。他人介绍如图 3-8 所示。

图 3-8　他人介绍

（三）集体介绍

集体介绍，指介绍者在为他人进行介绍时，涉及的被介绍者一方或双方为多人。此为一种特殊的介绍方式，隶属于他人介绍的范畴。在进行集体介绍时，应注意以下事项。

1．重视介绍的次序

介绍的次序应根据具体情况灵活调整，尤其在正式及规模较大的社交活动中，更需注重介绍的次序。通常情况下，可遵循以下原则：

（1）幼者优先于长者：年轻或资历较浅者应优先介绍给年长或资历较深者。

（2）下属优先于上级：下级应优先介绍给上级。

（3）亲属优先于非亲属：家人应优先介绍给同事或朋友。

（4）主人优先于宾客：主人应优先介绍给宾客。

（5）在演讲、报告、比赛、会议等场合，通常只需将主角介绍给在场的参与人员。若一方人数较多，可采取概括性介绍，如“这是我的家人”“这是我同学”。

2．使用恰当的敬语

在正式场合，介绍用语应庄重，可使用敬语，如“某某，请允许我向您介绍……”并配以适当的称谓。

3．注重礼仪细节

（1）介绍时，介绍者应目光直视对方，面带微笑，态度热情、友好、大方。

（2）被介绍者双方最好起立点头或握手致意，并使用礼貌用语，如“您好，认识您很高兴”或“真荣幸能认识您”。

（3）在需要进行集体介绍的场合，如正式的大型宴会、重要的公务活动、会议、国际交流活动、演讲、报告、比赛、会见、会谈、较大规模的社交聚会、接待参观或访问者等，应当及时进行集体介绍。

四、介绍礼仪的实践建议

为了更有效地掌握和运用介绍礼仪，商务人员应当在日常工作和生活中持续进行练习与实践。以下是具体实践建议：

（一）积极参与各类商务活动

各类商务活动为商务人员提供了接触多元化人群与场合的机会，是锻炼介绍礼仪技能的宝贵平台。在活动中，商务人员应细致观察他人的介绍方式与技巧，从中汲取优点，不断完善自身表现。

（二）进行模拟练习

商务人员可以在镜子前自我模拟，或邀请朋友协助进行角色扮演，模拟不同场景下的介绍过程，以此加深理解并熟练掌握介绍礼仪技巧。

任务6　商务人员递接名片礼仪

在商务交往中，名片作为商务人员的关键身份标识及交流媒介，其交换过程富含深厚的礼仪意义。遵循正确的递接名片礼仪，不仅能够彰显出商务人员的专业素质与礼仪风范，还能有效推动商务活动的顺畅进行，为双方构建稳固的合作关系奠定坚实的基础。名片如图 3-9 所示。

图 3-9　名片

一、名片的重要性

名片在商务交流场合中扮演着多重关键角色。

首先，它作为自我介绍的辅助手段，使得商务人员能够以简洁高效的方式，向对方传达其姓名、身份及所属单位等基本信息。

其次，名片是商务往来的桥梁。通过名片的交换，双方能够初步获取对方的基本信息，为后续更为深入的沟通与合作奠定良好基础。

最后，名片还承载着宣传与推广的功能。一张设计精良的名片不仅能够彰显商务人员的专业能力，还能体现企业的品牌形象，进而吸引潜在合作伙伴的关注与兴趣。

二、名片的使用

名片作为现代社会商务交往中不可或缺的一种介绍性媒介，其使用已普遍化。商务人员在递送名片时，应保持郑重、从容且自然的态度，动作需正式、大方，同时展现出亲切与谦恭的表情。商务人员应事先将名片妥善放置于易于取出的位置，如西装内侧口袋，以便在合适的时机得体地递交给对方。

三、名片的用途

（一）自我介绍

名片的主要功能在于进行自我介绍。一般而言，名片的规格为 9 厘米×5.4 厘米，以确保信息的清晰呈现。无论是个人使用还是商务交流，名片上的基本信息均需包含姓名、职务、工作单位、地址以及联系电话等关键要素。

（二）替代本人

在人际交往过程中，名片往往能够替代本人在场，实现信息的有效传递。例如，在拜访他人未遇时，可留下名片或委托他人代为转交，以表达访问的意图。

此外，名片还可用作简便的留言工具。在名片的左下角，可使用铅笔书写简短的信息或短语，其正式程度堪比长信。若需留言的内容较多，也可选择书写在名片的背面。

小贴士

值得一提的是，在国外的商务交往中，存在一种以法文缩略语形式在名片左下角表达特定情感与意图的流行做法。这些缩略语包括。

（1）n.b.——意为“请注意”，用于提醒对方关注名片上的特定信息。

（2）p.f.——表达祝贺之情。

（3）p.r.——传递感谢之意。

（4）p.c.——表示慰问与哀悼。

（5）p.p.——用于介绍他人。

（6）p.p.c.——则代表辞行告别。

四、递接名片礼仪的原则与技巧

（一）递出名片的原则与技巧

在商务场合中，递出名片是一项重要的礼仪行为，商务人员应当遵循以下原则。

1．时机原则

递出名片的时机应当恰当，一般选择在双方初次见面或交流氛围融洽时进行。应避免在对方忙碌、交谈中断或其他不适宜的场合递出名片，以免给对方带来不便或打扰。

2．顺序原则

在多人相互交换名片的场合，应按照一定的顺序以确保有序进行。常见的顺序包括由近及远、由尊而卑等，即先与近处或地位较高的人交换名片，再依次进行。这样可以避免混乱或遗漏，展现出商务人员的专业素养和细致入微的关怀。

3．礼貌原则

递出名片时，商务人员应注重礼仪和礼貌。应采用双手递送的方式，以示尊重和诚意。同时，配以微笑和目光交流，以展现出自己的友善和自信。这样的举止有助于建立良好的第一印象，促进双方之间的沟通和合作。递接名片如图 3-10 所示。

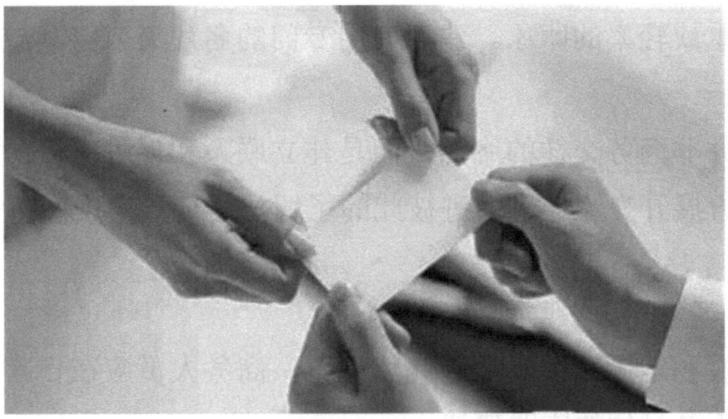

图 3-10 递接名片

在递送名片的技巧方面，商务人员应着重关注以下几点。

首先是名片的存放位置，应确保名片处于便于迅速取出的位置，以避免在递送过程中出现慌乱。

其次是名片的递送方向，务必使名片的正面朝向接收者，便于其阅读。

最后是名片的文字朝向，需确保名片上的文字符合接收者的阅读习惯，防止发生倒放或反放的情况。

（二）接收名片的规范与技巧

在接收名片时，商务人员亦需遵循一系列规范与技巧。首要原则是尊重，应以双手接过名片，并仔细阅读名片内容，以体现对对方的尊重与重视。其次是确认，接收名片后，可通过口头确认或复述对方姓名及职务等方式，以确保双方信息无误，避免误解或遗忘。最后是妥善保存，应将接收到的名片妥善保管，避免随意丢弃或折叠，以显示对对方的尊重与珍视。

在接收名片的技巧方面，商务人员还需注意以下几点。

一是及时回应，接收名片后应立即向对方表达感谢或给予适当回应，以展现自己的友好与热情。

二是名片整理，接收到的名片应及时整理并分类存放，便于后续查找与利用。

三是后续利用，商务活动结束后，可利用名片上的联系方式与对方保持沟通或开展后续商务合作。

五、递接名片礼仪的注意事项

在商务交往中，递接名片应该遵循严谨、稳重、理性、官方的礼仪规范。

首先，应避免单手递接名片，以免传递出对对方的不尊重或被忽视的态度，而应使用双手递接，以体现诚意与尊重。

其次，名片作为商务人员的重要身份标识和交流工具，应保持其整洁与完整。在接收名片后，切勿随意涂改或折叠，以免损害名片的使用效果及影响对方的专业形象。

再次，携带名片时应选择恰当的方式，避免将其放置于裤兜或后口袋等不恰当的位置，以免给对方留下不尊重或轻率的印象。建议使用专门的名片夹或将其放置于上衣口袋等合适位置。

最后，递接名片并非商务交往的终点，而是建立联系和促进交流的开始。因此，在递接名片后，应主动与对方展开交流，以增进彼此的了解与信任，实现商务交往的真正目的。

六、实践建议

为了更有效地掌握和运用递接名片的礼仪规范，商务人员应在日常工作与生活中积极地进行练习与实践。以下是具体的实践建议：

（一）积极参与商务活动并准备充分

通过参与各类商务活动，商务人员能够增加递接名片的机会，注意携带足够数量的名片，从而在实践中不断锤炼自己的递接名片技巧。同时，务必确保名片的质量上乘，内容准确无误，以符合商务场合的正式要求与标准。

（二）细致观察与深刻反思

在递接名片的过程中，商务人员应密切关注自己的言行举止，确保其得体且符合规范。通过观察他人的递接名片方式，汲取其长处并融入自身实践，同时，及时审视并纠正自身的不足之处，以实现持续进步。

（三）强化职业素养与礼仪修养

递接名片礼仪不仅是商务人员职业素养的重要组成部分，也是其礼仪修养的直观体现。因此，商务人员应高度重视并致力于培养自身的职业素养与礼仪修养，以展现出更加专业、得体的形象。

任务 7　商务人员交谈礼仪

交谈是人际交往中一门精湛的艺术，它不仅是传递信息的手段，更是心灵对话的桥梁。文明礼貌、体贴入微的言辞如同春风化雨，能够温暖人心；而粗鲁无礼、尖酸刻薄的语言则如寒风刺骨，伤害人际和谐，使关系变得紧张与疏远。在商务合作的舞台上，高效的沟通交谈更是至关重要的一环。

无数实例反复验证，交谈的真谛并不在于言辞的华丽与滔滔不绝，而在于能否以真诚之心去表达。成功的商务人员，并非总是那些口才卓越、口若悬河的人，而是那些能够以真诚打动人心，赢得对方信任的人。当我们以恰当得体的话语，传递出内心深处的真诚与善意时，便能搭建起人与人之间信任的桥梁。对方会因为感受到你的真诚与关怀，而对你产生信赖与好感，进而对你所代表的产品或服务产生信任与认可。交谈的力量，是建立良好人际关系、推动合作成功的关键所在。交谈如图 3-11 所示。

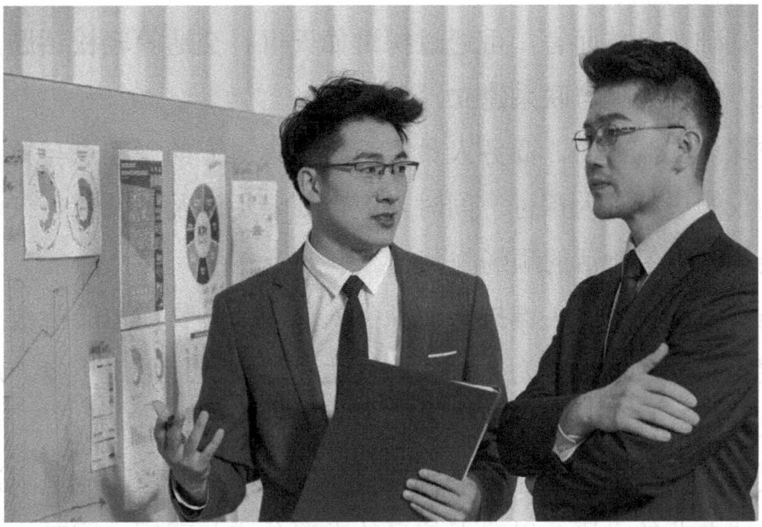

图 3-11 交谈

一、交谈的基本原则

在进行对话交流时，遵循交谈的基本原则对于确保沟通的顺畅与成效十分重要。

首先，尊重对方的意见与感受，这要求我们在对方发言时保持耐心倾听，避免打断，以示对对方观点的尊重。

其次，保持适度的眼神交流亦是必不可少的。适度的眼神交流能够体现自信及对对方的重视，但同时需注意避免过度或显得不自然，以免给对方带来不适感。

此外，避免讨论政治、宗教等可能引起争议的话题是在商务场合中的明智之举。这样可以避免不必要的冲突，保持对话的和谐。

同时，应保持适度的身体语言。身体语言应与口头语言保持一致，避免交叉双臂、频繁看表等可能被解读为不耐烦或不感兴趣的动作，这样可以更好地传达积极态度。

适时结束对话也是对话中的一项重要技巧。当对话达到目的或时间较长时，应礼貌地结束对话，避免突然中断或拖延，这样可以给对方留下良好的印象。即使在非正式的对话中，我们也应保持专业态度，避免涉及个人隐私或不恰当的内容，以确保对话的专业性和尊重性。

最后，适时提问是引导对话的重要手段。通过提问来引导对话，显示你对对方话题的兴趣，并获取更多信息，这样可以使对话更加深入和有趣。

遵循这些基本原则，我们可以有效地进行商务对话，建立良好的人际关系，并促进业务的顺利进行。

二、交谈的技巧与策略

在遵循商务交谈基本原则的前提下，商务人员还需掌握一系列交谈技巧与策略，旨在提升对话的成效与质量。

关于开场白与寒暄环节，商务人员应巧妙运用，以营造轻松愉悦且友好的氛围，为后续深入交流奠定良好基础。具体而言，可通过探讨如天气、交通等轻松话题，有效缓解紧张或尴尬情绪，促进双方情感共鸣与联系建立。

在话题选择与深入交流方面，商务人员需充分考虑对方的兴趣点与背景信息，精选双方共同关注或熟悉的议题进行深入探讨。同时，应审慎避免涉及敏感或争议性话题，以免触发不必要的冲突或误解，确保对话的顺畅与和谐。

倾听与回应是商务交谈中的关键技巧。商务人员应全神贯注地聆听对方观点与意见，保持耐心与尊重，避免打断或插话行为。在对方表达完毕后，可采用重复、总结或提问等方式进行积极回应，以展现自身的关注与理解，促进对话的深入与拓展。

此外，商务人员在交谈中还需注意语言与表达方式的恰当性。应追求语言的简洁明了，避免使用过于复杂或专业的术语，以确保信息的准确传递与理解。同时，还需注意语气与语调的把握，保持友好、积极的交流氛围，增进双方的亲近感与信任感。

最后，肢体语言与面部表情也是商务交谈中不可忽视的信息传递方式。商务人员应展现出开放、自信的肢体姿态，避免消极的肢体语言如交叉双臂或低头等，以传递出积极、正面的形象。同时，保持微笑与目光交流，以展现出自身的友善与尊重，进一步拉近与对方的距离。

三、交谈中的注意事项

在商务交流中，存在若干关键注意事项，这些对于维系和谐的沟通氛围及预防误解至关重要。

（一）避免打断对方发言

打断对方发言不仅显得不尊重，更可能破坏交流的整体氛围与成效。因此，商务人员在对话过程中应展现出耐心，待对方完整表达观点后再行回应或提问。

（二）警惕过度自我展示

诚然，展现个人专业知识与经验是交流中的重要环节，但过度强调自我则可能令对方感到不适或产生抵触情绪。因此，商务人员在交流时应寻求平衡，既要彰显自身实力，亦需顾及对方的感受与需求。

（三）规避敏感话题

在商务交谈中，某些话题如政治、宗教、种族等可能具有敏感性或争议性，商务人员应主动避免触及此类话题，以防引发不必要的冲突或误解。

最后，在跨文化商务交流中，文化差异成为一个尤为关键的考量因素。商务人员需深入了解并尊重对方的文化背景与习俗，以确保交流过程不受文化差异的影响，从而避免误解或冲突的发生。

四、实践建议

为了更有效地掌握并应用商务交谈礼仪，商务人员应致力于在日常工作与生活中勤加练习与实践。以下是具体的实践建议。

首先，积极投身于各类商务活动之中。通过广泛参与各类商务活动，商务人员能够增加与多元人群交流的机会，进而在实践中磨砺自身的交谈技能与策略，提升应变能力。

其次，强调观察与反思的重要性。在交谈进程中，商务人员应保持警觉，审视自身行为与态度是否得体、规范。通过细心观察他人的交谈方式及技巧，商务人员可从中汲取精华，学习并借鉴其优点。同时，及时对自身表现进行深刻反思，识别并纠正不足之处，以期不断进步。

最后，致力于培养良好的沟通技巧。除了掌握商务交谈礼仪外，商务人员还应高度重视沟通技巧与能力的提升，包括倾听、表达、提问等关键技能。这些技巧的熟练掌握对于提升交谈效果与质量具有重要的作用。

任务 8　商务交往中的位置礼仪

在商务交往的正式场合中，位置礼仪涵盖了商务活动中人员座次的精心安排、空间位置的有效利用，以及身体姿态的得体展现等多个方面。它不仅有助于构建和谐的商务交流环境，还体现了商务人员所具备的专业素养与对他人的深切尊重，对于商务活动的顺利进行与成功开展具有不可估量的意义。

一、位置礼仪的含义

位置礼仪的核心在于交往双方所处位置所承载的深刻情感与象征意义。在更宽泛的社会层面，位置礼仪更是映射了人与人之间的相处哲学与待客之道。

在商务交往的环境中，恰当运用位置礼仪具有无可替代的重要性。这既是对合作伙伴的深切尊重，也是个人职业素养的直接体现。因此，商务人员应严格遵守相关规范，确保在各类商务活动中，能够准确无误地运用位置礼仪，以彰显其专业形象与高尚修养。

二、位置礼仪的重要性

在商务交往中，位置礼仪占据着重要的地位。恰当的座位布局是确保商务活动井然有序的关键要素。在诸如会议、谈判等正式场合中，合理的人员座次安排不仅直接影响到交流的流畅性，更深刻地反映出对每位参与人员的尊重与重视。

进一步而言，位置礼仪在塑造商务人员专业形象方面也发挥着不可或缺的作用。通过巧妙运用空间位置与展现恰当的体态语言，商务人员能够传递出自信、专业且彬彬有礼的讯息，从而有效建立并巩固他人对其的信任与尊重。

此外，位置礼仪还是商务文化体系中的核心构成部分，它深刻反映了一个国家或地区独特的商务传统与礼仪规范。

三、位置礼仪的基本原则

（一）尊重原则

在商务交往中，尊重他人被视为最基本且不可或缺的行事准则。这一原则具体体现在细致入微的方面，如合理安排他人的座次，均衡分配空间位置，以及对他人身体姿态的恰当尊重等。

（二）对等原则

在商务场合中，遵循对等原则意味着各方在位置安排上应维持平等与对称的态势。这一原则鲜明地体现在会议桌的精心布置，名牌的规范摆放，以及座次安排的公正合理等方面。

（三）便利原则

安排位置时，必须充分考虑参与人员的实际便利与舒适度。这包括但不限于选用舒适的座椅，调控适宜的光线明暗度，以及确保空间宽敞无碍，从而为参与人员营造出更为愉悦与高效的交流环境。

（四）美观原则

在位置安排的过程中，美观与协调同样不可忽视。这要求我们在选择会议桌款式，搭配座椅颜色，以及设计姓名牌等方面，均需注重整体的美感与和谐，以展现出专业而优雅的商务形象。

四、位置礼仪的具体实践

在商务会议中，会议桌的布置是位置礼仪的直接体现。常见的布置形式包括长方形、圆形及 U 形等。长方形会议桌尤为适合参与人员众多，且需展示文件或材料的场合；圆形会议桌则因其独特的形状，更适用于小型会议或讨论会，有助于构建平等、和谐的交流环境；而 U 形会议桌则更适应于分组讨论的特定需求。

座次的安排是位置礼仪中的核心环节。在商务活动中，普遍按照“以右为尊”的原则进行座次安排。具体而言，将身份、地位显赫的参与人员置于中间或右侧显著位置。

此外，合理利用空间位置同样是位置礼仪的重要方面。在商务交往中，精心规划空间布局，能够营造出更为专业、有序的氛围。

身体姿态作为位置礼仪不可或缺的一部分，同样不容忽视。商务人员在商务场合中应展现出端庄、自信的姿态，以体现其专业素养与良好形象。同时，应避免懒散、拘谨等不良姿态，以免对商务交流产生负面影响。

图 3-12 所示为会议与宴会座次安排的示例，供相关人员参考借鉴。

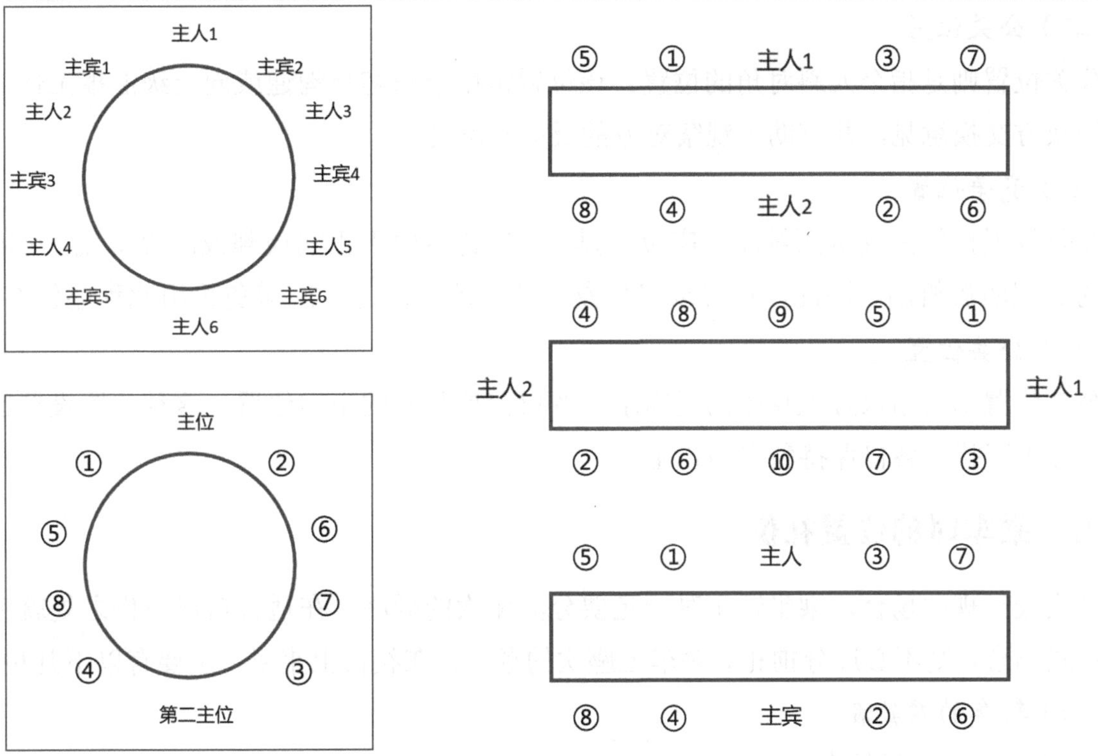

图 3-12　会议与宴会座次安排

五、位置礼仪的注意事项

在商务交往中，一旦位置安排被确定，应尽量避免随意更改，以确保会议的顺利进行及专业形象的维护。

同时，鉴于文化差异在位置礼仪中的影响，商务人员在进行跨文化商务交往时，务必深入了解并充分尊重对方的文化习俗与礼仪规范，从而避免因文化差异而引发的误解或冲突，促进双方的友好交流与合作。

此外，位置礼仪还涉及诸多细节之处，如姓名牌的精准摆放、座椅的舒适度等，均不容忽视。商务人员在安排位置时，应秉持严谨细致的态度，关注并妥善处理这些细节问题，以展现自身的专业素养及对他人的深切尊重。

六、交谈时的位置类型

在交谈过程中，根据相对位置的不同，可将其划分为四种类型：友好位置、公关位置、竞争位置及公共位置，每种类型都有其特定的适用场景与意义。

（一）友好位置

友好位置通常指个人紧邻的座位。这一位置适用于深度交流，如朋友间的倾诉或上司与员工之间的亲密对话，旨在增强双方之间的亲密感与信任。

（二）公关位置

公关位置则是指个人斜对角的位置。该位置常用于与客户沟通或向上级汇报工作，该角度便于双方交换意见，并有助于观察对方的反应与态度。

（三）竞争位置

竞争位置指的是直接面对面的座位安排。此位置多用于正式谈判或严肃交流，可能激发双方的心理防御机制。因此，在寻求轻松友好的交流氛围时，应避免采用此种座位布局。

（四）公共位置

公共位置则是指双方无直接沟通需求，各自保持独立的空间位置。这种位置设置旨在确保双方互不干扰，各自保持独立与自主。

七、乘车时的位置礼仪

在比较正规的场合，乘坐轿车时一定要分清座次的顺序，在适合自己身份之处就座。而在非正式场合，则不必过分拘礼。轿车上座次的顺序，在礼仪上来讲，主要有以下几种情况。

（一）轿车的驾驶者

1．主人亲自驾驶轿车

一般前排座为先，以右为尊，如图 3-13 所示。

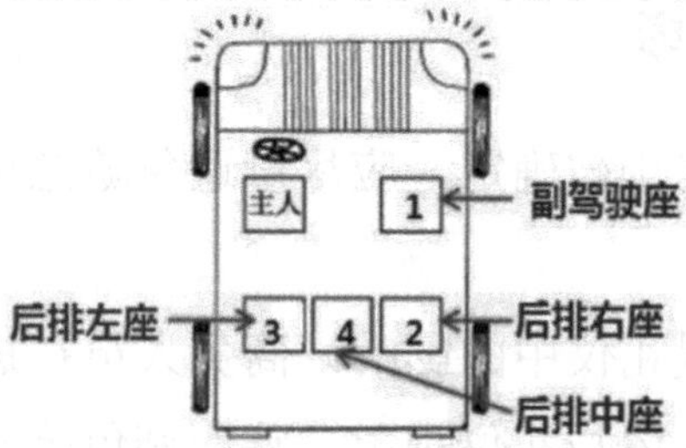

图 3-13　主人驾车座位安排

（1）双排五人座轿车，座位顺序依次是：副驾驶座，后排右座，后排左座，后排中座。

（2）三排七人座轿车，座位顺序依次是：副驾驶座，后排右座，后排左座，后排中座，中排右座，中排左座。

主人驾驶的轿车，最重要的是不能令前排座空着，一定要有一个人坐在副驾驶座，以示相伴。

2．专职司机驾驶轿车

通常仍讲究以右为尊，但座次顺序为后排为上、前排为下，如图 3-14 所示。

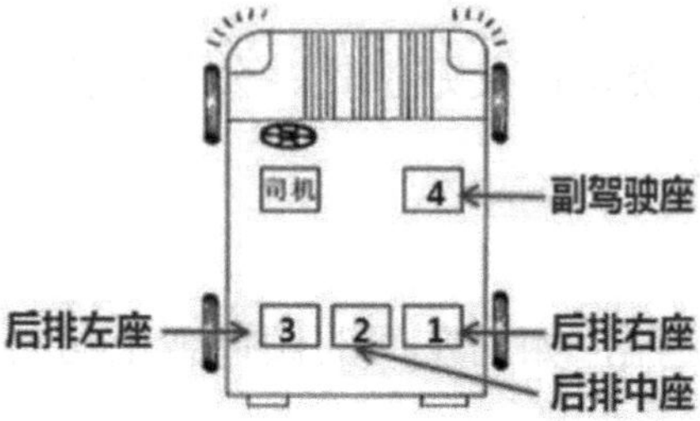

图 3-14　司机驾车座位安排

（1）双排五人座轿车，座位顺序依次为：后排右座，后排左座，后座中座，副驾驶座。

（2）三排七人座轿车，座位顺序依次为：后排右座，后排左座，后排中座，中排右座，中排左座，副驾驶座。

（二）汽车的类型

1．双排座、三排座轿车

这一类型轿车的座次安排前面已经详述。

2．吉普车

吉普车简称吉普，它是一种越野轿车，大都是四座车，座位安排如图 3-15 所示。不管由谁驾驶，吉普车上座位顺序依次为：副驾驶座，后排右座，后排左座。

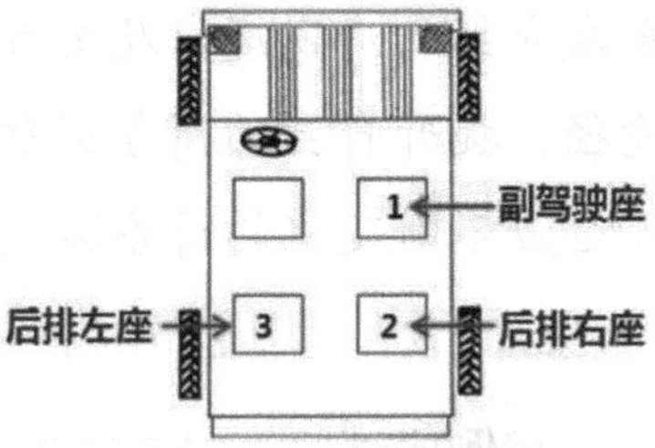

图 3-15　吉普车座位安排

3．多排座客车

多排座轿车指的是四排以及四排以上座位的大中型汽车，其不论由何人驾驶，均以前排为上，以右为尊，并以距离前门的远近来排定其具体座次。

（三）车上嘉宾的本人意思

通常，在正式场合乘坐汽车时，应请尊长、女士、来宾就座于上座，这是给予对方的一种礼遇。然而，更为重要的是，应尊重嘉宾本人的意愿和选择。即便嘉宾不明白座次，坐错了地方，也不要轻易对其指出或纠正，这时务必要讲主随客便。

八、商务陪同的位置礼仪

在商务活动中，接待任务常常是不可避免的，而陪同站位问题也是其中需要重视的一环。作为一般接待人员，在引导客人参观游览时，若宾客人数众多或伴随有贴身工作人员，应该遵循以下站位原则：主宾应位于中间位置，次宾则安排在主宾的右侧，而你则应站立于主宾的左后方，以便观察并适时提供帮助。若需进行参观介绍，你可调整至主宾的右后方位置，以确保信息的准确传达。在整个过程中，你与主宾及次主宾的距离应保持适度，以便随时进行沟通交流。同时，在行走时，应灵活调整自身位置，展现出礼让与尊重的态度。

价值导向教学案例

案例一：商务交往中的自信与细节

案例描述

张同学就读于一所职业院校的商务英语专业，即将参加学校安排的商务实习。实习前夕，学校为提升学生的职业素养，特地组织了一系列商务交往礼仪培训课程。

在一次模拟商务接待活动中，张同学担任接待角色，负责迎接来宾。由于缺少实际操作经验，张同学在接待过程中表现出紧张与缺乏自信，面部表情显得僵硬，握手力度不当，自我介绍时声音微弱，递接名片时也略显慌张。

案例分析

此次模拟活动使张同学深刻认识到商务交往中礼仪的重要性。他理解到，得体的商务礼仪不仅彰显个人职业素养，更是对合作伙伴的尊重与重视。在商务交往中，细节至关重要，任何微小的疏忽都可能给对方留下不专业的印象。

案例启示

张同学应加强商务交往礼仪的学习与实践，尤其需关注面部表情的控制、握手的力度、自我介绍的清晰度以及名片递接的规范性。他可以通过观看专业教学视频、参与模拟演练等途径，提升自身的商务交往技能。同时，张同学还应学会根据不同场合灵活运用商务礼仪，以适应不断变化的商务环境。

案例二：商务交往中的谈话内容

案例描述

王同学是某职业院校市场营销专业的学生，近期代表学校参加了一场区域性的商务洽谈会，与来自不同企业的代表进行了交流。

在洽谈会上，王同学与几位潜在的合作伙伴进行了交流。由于经验不足，他在对话中显得过于拘谨，未能妥善掌握对话节奏和引导话题，导致洽谈氛围不够热烈。

案例分析

通过此次洽谈会的体验，王同学深刻体会到在商务交往中，沟通技巧和交谈礼仪的重要性。他认识到，有效的沟通不仅有助于业务的推进，还能加深双方的了解与信任。

案例启示

王同学应加强对商务交谈礼仪的学习，包括如何开启话题、倾听他人意见、适时表达个人见解等。同时，他还应注意在对话中保持适当的身体语言和眼神交流，以展现自信与专业。通过持续地学习与实践，希望王同学能在未来的商务交往中更加游刃有余。

案例三：商务交往中的团队合作

情境描述

在一个跨部门合作的项目中，由于沟通不畅和缺乏团队精神，导致项目进度严重滞后，各部门之间产生了矛盾和摩擦。

案例分析

此案例强调有效沟通和团队合作在商务活动中的重要性。引导学生认识到，作为商务人员，他们需要具备良好的沟通能力和团队协作精神，才能更好地完成工作任务和实现个人价值。

导入思考

沟通不畅和缺乏团队精神会对商务项目产生哪些影响？

礼仪故事

曾子避席

“曾子避席”出自《孝经》，是一个非常著名的故事。曾子是孔子的弟子，有一次他在孔子身边侍坐，孔子就问他：“以前的圣贤之王有至高无上的德行、精要奥妙的理论，用来教导天下之人，人们就能和睦相处，君王和臣下之间也没有不满，你知道它们是什么吗？”曾子听了，明白老师孔子是要指点他重要的做人道理，于是立刻从坐着的席子上站起来，走到席子外面，恭恭敬敬地回答道：“我不够聪明，哪里能知道？还请老师把这些道理教给我。”在这里，“避席”是一种非常礼貌的行为。当曾子听到老师要向他传授时，他站起身来，走到席子外向老师请教，是为了表示他对老师的尊重。曾子避席如图 3-16 所示。

图 3-16　曾子避席

知识巩固

一、选择题

1.【单选】接收名片时应该（　　）。

A．立即接过装入口袋

B．上身前倾，五指并拢，手心向上，双手接过

C．漫不经心，态度傲慢

D．直接把名片放在桌子上

2.【单选】在以下哪种情况下，点头礼是不适用的？（　　）

A．会议进行中

B．街道上行进时

C．在影院中与仅有一面之交者相逢

D．在正式的商务宴会上与客户面对面

二、判断题

1．在商务场合中，自我介绍时应尽量详细，以显示个人的全面信息。（ ）

2．在介绍他人时，可以不考虑被介绍者的个人意愿与感受。（ ）

三、问答题

1．在商务场合中，递出和接收名片时应该遵循哪些原则与技巧？

2．请简述商务交往中位置礼仪的四项基本原则，并分别举例说明。

礼仪实训

一、实训目的

1．加强学员对商务交往礼仪的理解与掌握。

2．培养学员在商务场合中正确运用礼仪的自觉性。

3．通过实际操作，提高学员的商务交往能力和形象塑造水平。

二、实训内容

1．商务人员递接名片礼仪

名片的设计：指导学生设计简洁大方的名片，包括颜色、字体、版式等要素。

名片的递送与接收：练习正确的名片递送姿势、语言和接收名片时的礼貌回应。

2．商务人员介绍礼仪

自我介绍：学生轮流进行自我介绍，强调清晰、简洁且自信地表达。

介绍他人：练习如何得体地为他人进行介绍，注意介绍的顺序与用词。

3．商务人员握手礼仪

握手的时机：讨论并演示何时进行握手最为恰当。

握手的方式：练习标准握手姿势，注意力度、眼神交流及微笑。

4．商务交往中的位置礼仪

会议座次安排：模拟不同规模的商务会议，学生根据所学知识进行座次安排。

三、实训方法

1．理论讲解：对每项礼仪进行详细的讲解，包括其重要性、原则及具体操作方法。

2．示范演示：由培训师或优秀学员进行礼仪操作的示范。

3．分组练习：学员分组进行练习，互相观察、纠正并学习。

4．角色扮演：模拟真实的商务交往场景，学员通过角色扮演实践所学礼仪。

5．反馈与总结：练习结束后，进行小组内及全班的反馈与总结，强调优点，指出不足，提出改进建议。

四、实训评估

1．过程评估：观察学员在实训过程中的参与度、认真程度及礼仪操作的规范性。

2．结果评估：通过模拟测试、小组展示或书面报告等方式，评估学员对商务交往礼仪的掌握程度及实际应用能力。

五、实训总结

本次商务交往礼仪实训旨在帮助学生全面掌握商务交往中的各项礼仪规范，提高其在商务场合中的自信与专业性。通过系统的理论讲解、示范演示、分组练习及角色扮演等实训方法，学生能够在实际操作中不断修正与完善自己的礼仪行为，从而在未来的商务交往中展现出更加优雅、自信与专业的形象。

项目四 商务办公礼仪

项目导读

商务办公礼仪作为商业活动中必不可少的一环，涵盖了商务人员在办公场所应秉持的行为规范与举止准则。在当今的商业社会中，商务办公礼仪已逐步演变为一种十分重要的职业素养，不仅能够彰显个人的专业形象与职业风范，更在深层次上影响着商业合作的发展。

本项目旨在通过系统化、规范化的方式，引导学生深入理解商务办公礼仪的基本概念、核心原则及实践技巧，助力学生在职场中脱颖而出，赢得同事、客户及合作伙伴的尊重与信赖。通过本项目的学习，学生将能够全面把握商务办公礼仪的精髓，包括但不限于拜访、接待、会见、会谈等场合的礼仪要求，以及通信交流中的礼貌用语等多个维度，进而在职场中展现出更加自信、专业与得体的个人风貌。

办公礼仪在商务环境中的价值无可替代。它不仅关乎个人修养的提升和企业形象的塑造，还影响团队协作的效率和企业文化的传承与发展。因此，企业与员工应携手并进，共同致力于商务办公礼仪的践行与推广，为企业的长远发展奠定坚实的基础。商务办公礼仪如图 4-1 所示。

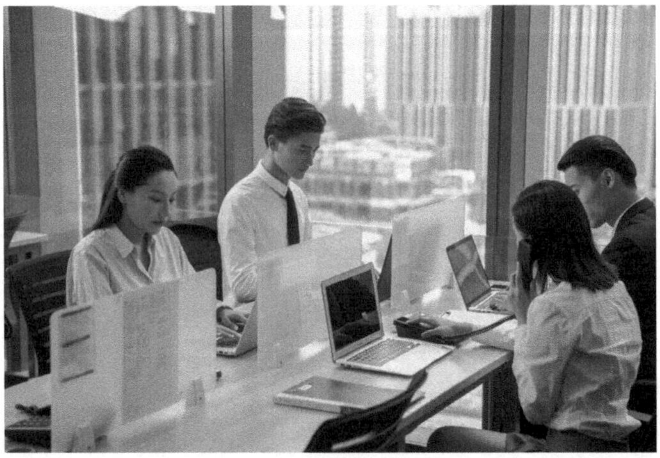

图 4-1　商务办公礼仪

学习目标

知识目标

1. 掌握办公室礼仪的基本原则和要求。
2. 理解拜访、接待、会见、会谈时的礼仪规范和注意事项。
3. 熟悉电话沟通和电子传播中的礼仪要点。

能力目标

1. 能够在实际工作中妥善处理办公环境中的礼仪事务。
2. 能够独立完成商务拜访、接待、会见、会谈的准备工作和执行。
3. 能够运用电话和电子传播工具进行有效沟通，遵守相关礼仪规范。

素质目标

1. 培养良好的职业形象和专业素养。
2. 提升个人沟通能力和团队协作效率。
3. 增强对商务办公礼仪重要性的认识，形成自觉遵守礼仪的习惯。

引导案例

华为“细节决定成败”的办公礼仪

华为作为全球领先的通信技术公司，其成功不仅来自技术创新和产品质量，还在于其注重细节、精益求精的企业文化。这种文化在华为的商务办公礼仪中体现得淋漓尽致。

有一次，华为与一家国际知名企业进行合作谈判。在谈判前，华为团队对会议室进行了精心布置，确保了环境整洁、设备齐全。谈判过程中，华为团队成员注重言谈举止，保持着专业、友善的态度。他们认真倾听对方的意见和需求，并在合适的时候给予回应和解答。当谈判陷入僵局时，华为团队没有急于求成，而是耐心沟通、寻找双方都能接受的解决方案。最终，他们成功地达成了合作协议，为双方带来了可观的商业利益。

这个案例中的许多细节之处体现了华为的商务办公礼仪，从会议室的布置到团队成员的言谈举止，再到耐心沟通的态度，都展现了华为对细节的关注和对合作伙伴的尊重。这种注重细节的办公礼仪不仅提升了华为的专业形象，也为合作谈判的成功奠定了坚实基础。

值得一提的是，华为的成功并非偶然。在其创始人任正非的领导下，华为一直秉承着“以客户为中心，以奋斗者为本，长期艰苦奋斗”的企业精神。这种精神贯穿于华为的商务办公礼仪之中，使得华为能够在激烈的市场竞争中脱颖而出。

因此，在商务办公中，我们应该学习华为注重细节、精益求精的精神，从工作态度到言谈举止等各个方面展现出自己的专业素养和综合素质。

【思考】

在商务办公中，我们应该如何具体地学习华为注重细节、精益求精的精神？请结合实际工作场景，提出具体的行动建议。

知识讲堂

任务1 商务人员办公室礼仪

一、办公室礼仪的含义

办公室礼仪是商务人员在办公场所或企业环境中应该遵守的基本行为准则与礼节规范。尽管不同行业间存在细微差异，但办公室礼仪的核心要求基本一致。

商务人员在企业内部办公时，需遵循明确的礼仪规范以约束自身行为。同时，为确保各公司、单位间商务活动的顺畅进行，也需要确立并遵循整个商务领域公认的行为准则。因此，办公室礼仪具有广泛的社会普适性，是社会各界普遍遵守的重要规范。办公室礼仪如图4-2所示。

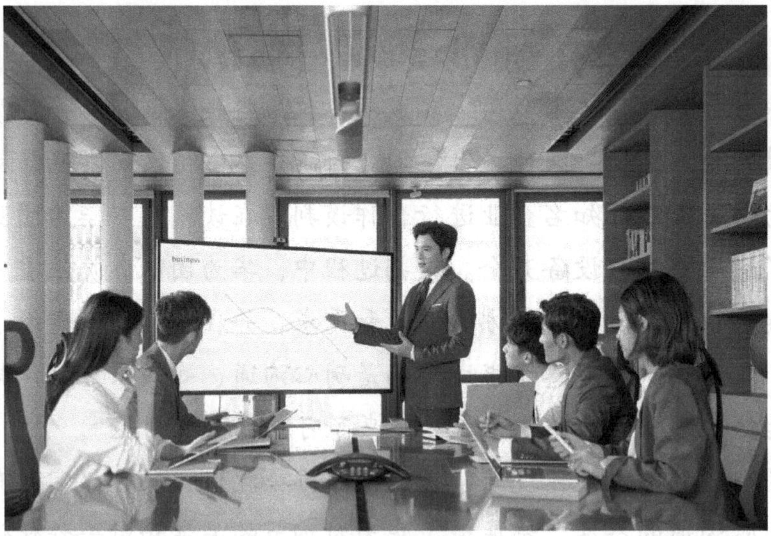

图4-2 办公室礼仪

二、办公室礼仪的重要性

办公室礼仪是商务人员在办公场所需要遵循的一整套行为规范，该规范涉及与同事、上级、下级及访客间的交往方式。遵守良好的办公室礼仪，不仅能提升个人的职业素养，还能有效促进团队内部的和谐氛围，提高合作效率，从而为企业整体发展贡献积极力量。

首先，办公室礼仪对于构建与维护良好的人际关系具有重要意义。在办公环境中，同事间的交流与协作频繁发生，遵循礼仪规范能够确保沟通的顺畅与愉悦，有效减少误解与冲突的发生，促进更加和谐的同事关系。

其次，办公室礼仪是展现商务人员职业素养的关键方面。商务人员的言谈举止直接反映着企业的形象与文化。通过严格遵守礼仪规范，商务人员能够充分展现自己的专业素养与职业能力，赢得同事与客户的尊重与信任，为企业的形象树立良好标杆。

最后，办公室礼仪作为企业文化的重要组成部分，对于塑造企业氛围、吸引并留住人才具有深远影响。一家注重礼仪的企业能够营造出积极向上的工作氛围，激发员工的归属感与创造力，从而吸引更多优秀人才加入，并促使企业在激烈的市场竞争中保持领先地位。

三、办公室礼仪的作用

（一）提升工作效率

良好的办公室礼仪有助于营造和谐、有序的工作环境，减少不必要的冲突和误解，从而提高工作效率。例如，遵守会议纪律，尊重他人的发言时间，避免无故打断他人，确保会议的顺畅进行，以便做出有效决策。

（二）塑造专业形象

办公室礼仪是商务人员职业素养的外在体现，对于塑造专业和得体的形象至关重要。遵守礼仪的商务人员在同事、客户眼中显得更为成熟和稳重，这有助于建立良好的职业声誉。

（三）增强团队凝聚力

办公室礼仪有助于增进商务人员之间的相互了解和尊重，促进团队成员之间的沟通与合作。通过遵循礼仪规范，商务人员能更好地融入团队，形成共同的目标和价值观，从而增强团队的凝聚力。

（四）促进企业文化建设

办公室礼仪是企业文化建设的重要组成部分。通过制定和执行礼仪规范，企业能够塑造独特的文化氛围，增强员工的归属感和认同感。同时，良好的礼仪也能吸引更多的客户和合作伙伴，提升企业的社会形象。

四、办公室礼仪的具体内容

（一）办公室工作礼仪的基本要求

1．把握分寸

我们在办公室工作时应当注重语言的适度性，确保言辞恰当，避免过激或不恰当地表达。在表达个人情绪时，也需保持分寸，以免影响工作氛围或造成不必要的误解。行为举止也需有分寸，遵循职场规范，展现职业素养。

2．积极分忧解难

当面临来自内部或外部的矛盾与困扰时，我们应主动站出来，提供必要的支持与协助，而非选择回避以展现自己的责任心与团队协作精神。

3．分工明确，合作无间

在办公室环境中，每位员工都需明确自己的职责范围，并承担起相应的责任，这是现代化管理的基本要求。然而，分工并不意味着孤立无援。相反，同事之间应当秉持互相帮助、互相关心的原则，共同推动工作的顺利进行。通过加强团队合作与沟通，能够使分工的意义更加积极、有效，进而促进人际关系的和谐与团队合作能力的提升，增强集体的凝聚力。

（二）办公室行为礼仪

1．进出门礼仪的基本要求

办公楼及办公室的大门，是展现商务人员礼仪修养的重要窗口。在进出门的过程中，应始终秉持“轻”“敲”“谦”的原则。

“轻”即指无论进出何种门，开门与关门的动作都应轻柔，避免发出过大的声响，以免对周围环境造成干扰，同时也体现了对公共财物的尊重与爱护。

“敲”则是指在前往其他办公室，包括本单位其他部门及外单位办公室，应事先轻敲门板，待得到允许后方可进入。即便门已敞开，也应先敲门并询问：“我能否进入？”以示礼貌与尊重。

“谦”则强调了在共同进出门时，应互相谦让，不可自视甚高，目中无人。特别是在与客户共同进出时，更应主动礼让，让对方先行，以展现良好的社会公德与职业素养。

2．办公室饮食礼仪的注意事项

随着工作模式的转变，办公室已成为员工日常饮水及用餐的重要场所。然而，这些活动在办公室内进行时，应遵守相应的礼仪规范，以维护工作环境的和谐与高效。

在用餐或饮水的过程中，应保持安静，避免发出嘈杂的声响，以免对同事的工作造成干扰。同时，应避免在办公室内食用具有强烈气味的食品，以保持空气的清新与宜人。

用餐或饮水结束后，应立即清理餐具，擦拭办公桌，并将废弃物妥善处理。此举不仅体现了个人良好的卫生习惯，也有助于维护办公室的整洁与美观。

此外，为确保办公室空气质量的持续清新，应适时打开门窗进行通风换气，以减少食物气味的残留。在饮食过程中，还应特别注意避免对文件的污染，以确保工作资料的整洁与完好。

（三）办公室的不当行为

商务人员应树立内外兼修的良好形象，因此应避免以下不当行为。

1．过度关注个人形象

在办公区域，应避免将化妆品、镜子及个人照片等私人物品置于桌面，并减少在工作间隙进行化妆等行为。此类行为可能引起他人对工作态度的误解，同时也不符合职业形象的庄重性。过度关注个人形象不仅可能扰乱个人工作节奏，还可能对同事造成干扰，影响整体办公环境的和谐与效率。

2. 公共设施使用不当

单位内的公共设施旨在服务全体员工，提升工作效率。每位员工在使用电话、打印机、复印机等设备时，应有爱护之心，确保设备持久稳定运行，以维护公共利益。

3. 不良饮食与吸烟习惯

工作时应避免在口中咀嚼食物，特别是在有他人在场或接听电话时。同时，吸烟人员应在指定区域吸烟，尊重他人感受，避免环境污染。

4. 形象不端

办公环境要求恰当的着装与仪态，过于浓重的妆容、夸张的饰物、过于浓烈的香气、过于暴露的装扮均不适宜。这些行为可能影响同事的工作状态，与办公室的正式氛围相悖。

5. 高声喧哗

在表达个人意见时，应保持平和开放的态度，以展现个人修养与礼貌。文明举止与礼貌言辞有助于构建文明和谐的办公环境。

6. 擅自使用他人物品

未经允许不得擅自使用他人物品，并在使用后及时归还原位。此行为体现了个人的基本礼仪与教养。

7. 偷听他人谈话

遇到他人私下交谈或打电话时，应尊重他人隐私，避免过度关注或试图窥探其内容。偷听他人谈话的行为严重损害个人形象，建议采取回避态度以维护庄重与稳重。

8. 对同事冷漠

对待同事应礼貌热情，避免简单草率或忽视的行为。外出时也应互相照顾，以展现个人风度与职业素养。

9. 迟到早退

商务人员应按照公司规定的工作时间上下班，频繁迟到早退将严重影响工作效率与团队信任，不利于个人职业发展。

五、办公室礼仪的基本原则

（一）尊重原则

在办公室环境中，尊重原则是礼仪的基石。商务人员应尊重每位同事的独特个性与日常习惯，避免使用任何冒犯性言辞。此外，对于同事的工作成果与个人隐私，也应秉持尊重的态度，避免无故打扰或干涉其工作流程。

（二）专业原则

商务人员在办公室内的言谈举止，均应展现出高度的专业性。这既包括着装的得体、言谈的礼貌与举止的优雅，也涵盖工作的高效运转与流程的井然有序。同时，商务人员还需持续精进自身的专业知识与技能，以确保能够胜任所承担的各项工作任务。

（三）沟通原则

沟通作为办公室礼仪的关键要素，其重要性不言而喻。商务人员应积极促进与同事之间的有效沟通，秉持开放、坦诚的心态，耐心倾听他人的观点与建议。在沟通过程中，还需巧妙运用沟通技巧，如运用礼貌用语、保持眼神交流等，以营造积极、和谐的沟通氛围。

（四）协作原则

团队合作是办公室工作的核心理念。商务人员应秉持协作精神，积极投身于各项团队活动中，勇于担当工作责任，与同事携手攻克难关。在团队中，应尊重团队的决策与分工安排，避免个人主义倾向或独断专行行为的出现，以确保团队目标的实现与整体工作效率的提升。

六、办公室礼仪的具体实践

（一）着装得体

商务人员的着装应符合企业的形象和职业要求。一般来说，正式的商务场合要求穿着西装、套装等正式服装。在日常办公环境中，可以根据企业的文化和要求选择适当的着装，但也要避免过于随意或暴露的打扮。

（二）言谈举止

商务人员在办公室中应保持礼貌、友善的言谈举止。与同事交流时，要使用敬语和礼貌用语，如“请”“谢谢”“对不起”等。

（三）文件处理

商务办公中涉及大量的文件处理工作。商务人员应注重文件的分类、整理和保存工作，确保文件的安全和保密。

（四）会议礼仪

会议是商务办公中常见的沟通形式。商务人员在参加会议时应遵守会议纪律和议程安排，保持专注、认真的态度。

（五）公共空间礼仪

在办公室中的公共空间如走廊、茶水间等区域也需要遵守相应的礼仪规范。

七、办公室礼仪的注意事项

（一）避免私人及敏感话题的探讨

在正式的工作环境中，我们应当避免涉及私人或敏感话题的讨论，以防止对整体的工作氛围及同事的情绪造成不必要的干扰或影响。

（二）维护办公环境的整洁与有序

一个整洁、有序的办公环境对于提升工作效率及促进团队间的和谐至关重要。因此，商务人员应当高度重视个人工作区域的整理与清洁工作，确保桌面保持整洁无杂物，各类文件归档有序，以此营造一个高效、舒适的办公环境。整洁的办公环境如图 4-3 所示。

图 4-3 整洁的办公环境

（三）节约资源

在商务办公环境中，商务人员同样要重视资源的节约与高效利用。具体而言，这包括采取一系列措施来减少资源的浪费。例如，积极推广双面打印技术以降低纸张消耗，实施废纸回收计划以促进资源的循环利用，以及在日常办公中注意节约用水和用电，及时关闭不再使用的电器设备，以减轻对环境的影响。

（四）尊重他人时间

时间作为一种不可再生的资源，其珍贵性不言而喻。在办公室的日常工作中，我们应当时刻保持对他人时间的尊重。这意味着我们需要合理安排自己的工作任务，确保会议和沟通的时效性，避免无谓地拖延和占用他人宝贵的时间。

任务 2 商务人员拜访礼仪

商务拜访，指的是商务人员前往他人的工作场所，以表达感谢或进行事务交流的行为。

一、拜访礼仪的重要性

商务拜访礼仪，是商务人员在进行商务拜访时所应该遵循的一系列规范化行为准则。这一礼仪要求，贯穿于预约、准备、见面、交谈直至结束拜访的每一个步骤，旨在保障商务拜访活动的顺畅进行，并促进达成既定的商务目标及效果。商务拜访如图4-4所示。

图4-4　商务拜访

首先，拜访礼仪对于构建积极的第一印象至关重要。在商务拜访的情境中，初步印象往往对后续建立合作关系具有决定性影响。通过恰当的着装、礼貌的言谈以及专业的行为举止，商务人员能够迅速赢得客户的尊重与信赖，为双方未来的合作奠定坚实的基础。

其次，拜访礼仪对于有效沟通具有积极作用。在商务拜访过程中，沟通是促成合作的核心环节。遵循拜访礼仪的商务人员更能够专注于倾听客户的需求与反馈，以更加开放和包容的态度与客户进行互动，从而更容易发现合作的契合点并共同探索解决方案。

最后，拜访礼仪对于提升企业形象具有不可忽视的作用。商务人员作为企业的直接代表，在拜访过程中所展现出的礼仪风范与职业素养，直接映射出企业的整体形象与文化底蕴。通过拜访礼仪，商务人员能够向外界传递出企业的专业、规范与尊重，进而在客户心目中树立起更加正面的企业形象。

二、拜访礼仪的基本原则

对于商务人员而言，在拜访过程中需遵循以下原则。

（一）注重细节

由于拜访是面对面的直接交流方式，因此商务人员的一言一行、一举一动都将直接影响到拜访目的的实现与效果的达成。因此，在拜访过程中应注重细节的处理与把握，以展现出自己的专业素养。

（二）体现合作精神

要使拜访过程成为一个愉快的交往经历，除了表现出热情与诚意之外，还需要善于与对方进行合作与配合。例如，在被访人员提供饮品招待时能够礼貌地作出选择并表达感谢之情，这些举动都能够体现出商务人员的合作精神与对对方的尊重与关心。

（三）灵活应对突发情况

在拜访过程中可能会遇到一些意想不到的情况或突发状况。此时商务人员需要保持冷静与理智，灵活应对并妥善处理相关问题，以确保拜访的顺利进行与圆满结束。

三、拜访礼仪的具体实践

（一）预约与准备工作

首先，预约是商务拜访的，应通过电话、电子邮件等正式渠道提前与对方进行充分沟通，并约定好具体的时间与地点，以避免突然到访给对方带来不必要的困扰与不便。此举不仅彰显了对对方的尊重，也体现了个人的诚意与专业态度。

其次，在正式拜访之前，商务人员应深入了解对方的背景信息、具体需求及期望，为双方沟通打下坚实基础。

再次，根据拜访目的，精心准备相关资料，如产品详尽介绍、公司宣传手册及合作提案等，以便在交流过程中向对方全面展示和阐述。

最后，商务人员还需注重个人形象的塑造，根据拜访的具体场合与对方的习惯，选择合适的服饰。整洁、大方的着装不仅能够体现个人的品位与身份，更能够给对方留下良好的第一印象，为后续的交流奠定良好的基础。

（二）见面与问候礼仪

1．准时守时

准时守时是商务人员应该遵循的基本原则。按照约定的时间准时到达，既不过早也不过晚，是展现个人职业素养与社交礼仪的重要方面。过于早到可能会打乱对方的日程安排，而迟到则显得缺乏礼貌与对对方的重视。如遇特殊情况需及时告知客户并取得谅解。

2．礼貌致意

会面时，商务人员应主动向客户致以问候并自我介绍，同时递上名片以示尊重。在拜访过程中，应保持礼貌与谦逊的态度。使用恰当的称呼，尊重对方的职位与身份。同时，注意言谈举止的得体与适度，避免过于随意或过于拘谨，以展现出自己的自信与从容。

3．细节关注

拜访会面时，商务人员还需注意细节处理，如握手力度适中、保持眼神交流等，以展现职业素养及对客户的尊重。

4．避免给对方造成干扰

拜访时应尽量避免对对方造成干扰。如果对方正忙于工作或其他事务，应给予充分的理解与尊重，耐心等待或适时提出告辞。

（三）交谈与沟通技巧

1．倾听为主

在与客户交谈时，商务人员应秉持倾听为主的原则，深入了解客户需求及意见，以开放包容的心态进行交流。

2. 表达清晰

在阐述自身方案时，应言简意赅、条理分明，避免使用复杂或晦涩难懂的专业术语造成对方的理解障碍。

3. 避开敏感话题

在交谈过程中，应避免涉及政治、宗教、个人隐私等敏感或不适宜的话题，以免引发不必要的争议或冲突。

4. 积极展示

商务人员应积极向对方展示自身的专业知识及经验积累，同时介绍公司的独特优势及特色。

（四）拜访结束与后续跟进

1. 礼貌告别

在拜访结束时，商务人员应向对方表示诚挚的感谢并礼貌告别。可以简短地分享自己的收获与感悟，也可以邀请对方在方便时进行回访。这样的举动不仅能够巩固双方的关系与友谊，还能够为未来的合作与交流奠定坚实的基础。礼貌告别如图 4-5 所示。

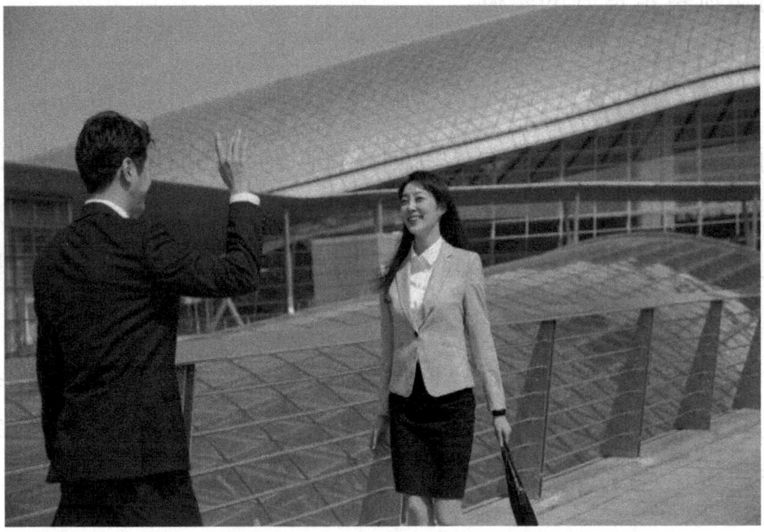

图 4-5　礼貌告别

2. 实时跟进

在完成拜访后，商务人员应立即对拜访流程进行全面总结与深入反思，并依据客户的具体需求与反馈，精心制订后续跟进策略与计划，以确保拜访成果得以有效落实。

3. 恪守承诺

在拜访交流期间，商务人员或许会对对方做出某些承诺或保证。在后续的跟进工作中，商务人员必须严格履行承诺，并确保按时实现，以此维护并提升公司的信誉与形象。

四、拜访礼仪的注意事项

（一）尊重对方文化

在商务拜访中，面对双方具有不同的文化背景时，商务人员需高度重视并尊重对方的文化传统与习俗。为此，商务人员需灵活调整自身的礼仪规范与行为模式，以确保充分满足客户的需求。

（二）保持适当社交距离

在拜访的过程中，商务人员应保持一个既不过于亲近也不失友好的适度距离，需展现出热情友好的态度，同时避免侵犯客户的私人空间。

（三）确保言行一致

商务人员在拜访过程中，应始终坚持言行一致的原则，实事求是，防止言行不一和夸大其词，以免损害客户的信任感。同时，商务人员还需积极践行诚信原则，以赢得客户的尊重与信赖。

（四）灵活应对突发事件

在商务拜访过程中，商务人员可能会遇到各种突发状况与变化。因此，商务人员需具备出色的灵活应变能力，能够迅速调整策略与计划以应对不断变化的需求。此外，他们还需保持冷静理智的态度，以确保拜访活动的顺利进行与圆满完成。

任务3　商务人员接待礼仪

在商业领域中，商务接待作为展现企业形象与文化的核心环节不仅是企业对外交流的重要桥梁，更是促进业务合作与深化关系的关键途径。商务人员在接待客户或合作伙伴时，所展现出的礼仪风范与职业素养，直接反映企业的专业形象与诚信态度，深刻影响着客户对企业的第一印象及后续合作的信任基础。因此，对于商务人员而言，熟练掌握并严格遵守接待礼仪规范，是提升自身职业素养、增强企业竞争力的必然要求。

一、接待礼仪的重要性

商务接待礼仪，是指商务人员在接待过程中应遵守的一系列标准化行为准则。此规范全面覆盖了接待筹备、客户迎接、交流互动及送别客户等各个关键环节，旨在确保接待活动的顺畅进行，并达成既定的效果。

首先，接待礼仪对于塑造企业正面形象具有重要的作用。商务人员，作为企业的直接代表，其在接待过程中所展现的礼仪风范与职业素养，直接映射出企业的整体形象与文化底蕴。

其次，接待礼仪是促进有效沟通的重要桥梁。在商务接待中，沟通是促成合作的核心要素。遵循接待礼仪的商务人员，能够更加专注于倾听客户的需求与见解，以更加开放与包容的态度同客户进行深度交流，从而更有效地发掘合作的契合点与解决方案。

最后，接待礼仪对于提升客户满意度具有深远影响。通过得体且周到的接待礼仪，商务人员能够向客户传递尊重与关怀的信息，使客户深切感受到企业的真诚与专业，进而提升客户的满意度与忠诚度。

二、接待礼仪的基本原则

在商务接待中，应该遵循以下基本原则以确保专业、高效地交流与服务。

（一）尊重原则

尊重是接待礼仪的基石。商务人员在接待过程中，需秉持对客户人格、文化背景及生活习惯的深切尊重，展现出高度的职业素养。

（二）热情原则

商务人员应热情接待每位客户，主动致以问候，详尽介绍，并耐心解答客户的疑问，营造温馨和谐的交流氛围。

（三）规范原则

规范是接待礼仪的重要保障。商务人员应严格遵循既定的接待规范和流程，确保接待活动的顺利进行。

（四）灵活原则

灵活是接待礼仪的必要补充。在坚守规范与流程的同时，商务人员应根据客户的个性化需求与实际情况，灵活调整接待策略，以求最佳接待效果。

三、接待礼仪的具体实践

（一）接待准备工作

1．客户调研

在接待活动开始之前，商务人员应全面深入了解客户的背景信息、具体需求以及期望目标，以便在后续沟通中能够更为精准地把握客户需求，促进双方的有效交流。

2．环境布置

为确保接待环境的品质，商务人员需确保接待区域整洁有序、氛围舒适温馨，并巧妙融入企业的独特文化和鲜明特色。同时，还需根据客户的个人偏好与习惯，对接待环境进行细致入微的调整与布置，旨在为客户营造出一种宾至如归的接待氛围。环境布置如图 4-6 所示。

3．接待物资筹备

为确保接待流程的顺畅进行，商务人员应提前规划并准备充足的接待用品，包括但不限于名片、企业宣传资料、适宜的饮品以及精致的小点心等。这些物资的充分准备，将确保在接待过程中能够及时响应客户需求，为客户提供更加周到细致的服务。

图 4-6 环境布置

（二）迎接客户

1．准时迎接

商务人员应提前抵达接待地点，并严格按照约定时间迎接客户的到来。如遇特殊情况需变更接待时间，应及时通知客户并请求其谅解，确保双方沟通顺畅。

2．礼貌问候

在见到客户时，商务人员应主动、热情地向客户致以问候，并进行自我介绍。问候时，应使用礼貌、得体的语言，同时配以微笑和眼神交流，以展现友好、专业的形象。

3．引导入座

商务人员应负责引导客户入座，并根据客户的个人喜好和习惯妥善安排座位。待客户入座后，应主动询问其是否需要饮料、小点心等物品，以体现细致入微的服务。

（三）交流沟通

1．倾听为主

在与客户进行交流时，商务人员应将倾听置于首位，认真听取客户的需求、意见和反馈。以开放、包容的心态与客户进行沟通，确保双方信息交流的畅通无阻。

2．言简意赅

在表达自己的观点和想法时，商务人员应力求言简意赅、条理清晰。避免使用过于复杂或专业的术语，以免给客户带来困惑。同时，应注重表达的准确性和逻辑性，以确保双方沟通的有效性。

3．展示专业

在接待过程中，商务人员应积极展示自己的专业知识和技能，以及公司的核心竞争力和特色优势。通过专业的解答和建议，增强客户对企业的信任和认可。

（四）送别客户

1．礼貌告别

在结束接待时，商务人员应向客户表示诚挚的感谢，并礼貌地告别。如有需要，可与客户约定下次见面的时间和地点，以便后续跟进和合作。

2．送别礼节

在送别客户时，商务人员应送至门口或电梯口，并目送客户离开。在送别过程中，应保持微笑和热情的态度，让客户感受到企业的真诚和尊重。这一环节对于树立良好的企业形象和客户关系具有重要意义。

四、接待礼仪的注意事项

（一）保持专业且整洁的个人形象

商务男士应着装得体，符合职业标准；商务女士则应化适宜的妆容，避免过于浓艳，并佩戴适当的职业标识。在身体语言和行为举止方面，以下细节需特别注意。

1．站立交谈时，应与对方保持适当的距离，既不过分亲近也不显得疏远，以营造舒适的交流环境。同时，保持目光交流，这不仅表现出专注与尊重，也有助于建立信任。

2．在聆听对方讲话时，应全神贯注，耐心等待对方讲完，避免急于打断，以免让对方感到不被尊重。

3．保持微笑，表情友好，传递热情和欢迎的态度。面对重复或复杂的问题时，应保持耐心和专业，避免露出不耐烦的神色。

（二）打造整洁有序的接待环境

接待前的准备和接待过程中，应确保环境的整洁有序，备齐必要的资料或物品，以便能够迅速提供。在与客人沟通时，应注意。

1．使用热情周到的欢迎语，营造宾至如归的氛围。

2．回答客人问题时，确保信息的准确无误，语气自信且礼貌，以增强客人的信任感。

3．了解并尊重客人的习惯和偏好，对于客人的特殊需求，应尽力满足，体现对客人的尊重与关怀。

（三）表达感激与期待

在接待结束时，应用恰当的语言表达感谢，感谢客人的到来与合作，并表达对未来见面的期待，以此留下良好的印象，为未来的合作奠定基础。

任务4　商务人员会见、会谈礼仪

在商业领域内，商务会见与会谈作为商务人员与客户或合作伙伴进行直接互动与沟通的核心场景，具有举足轻重的地位。这些活动不仅为双方搭建了建立联系与加深理解的桥梁，更是推动业务合作进程、促进交易协议达成的关键环节。图 4-7 展示了商务会见与会谈的典型场景。

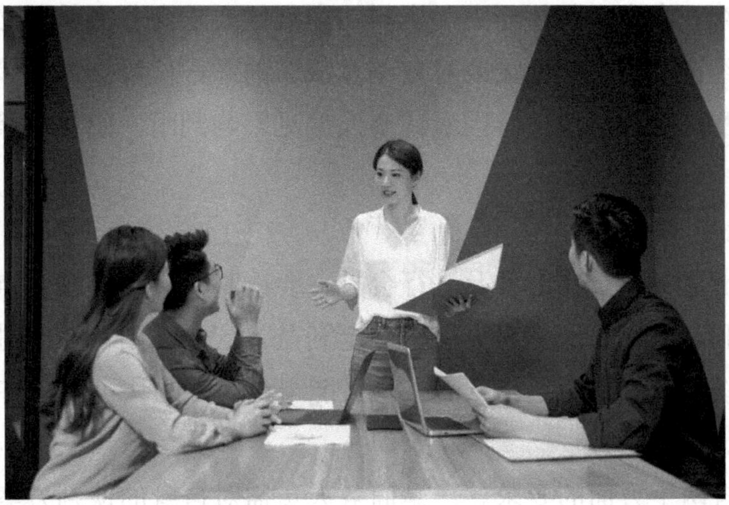

图 4-7 会见、会谈场景

一、会见、会谈的含义

会见，是指基于特定目的所安排的约会与会面。会谈，则是指两方或多方针对彼此共同关切的问题，进行意见的交流与交换。一般而言，会谈内容较为庄重且正式，常涉及较强的专业性议题。

二、会见、会谈礼仪的重要性

商务会见、会谈礼仪，作为商务人员在交流过程中的重要行为准则，涵盖了从准备、开始、进行到结束的各个环节。这些规范旨在确保商务活动的顺畅进行，并助力达成预期目标。

首先，会见、会谈礼仪是展现企业形象的重要途径。它不仅反映了企业的内部文化和管理水平，也是企业在市场竞争中区别于其他对手的重要标志。通过把握和运用礼仪规范，企业能够在各类商务交往中展现出专业、有序的形象，从而增强合作伙伴的信任感，提升企业的品牌价值和社会影响力。

其次，会见、会谈礼仪有助于营造积极的氛围。在会见与会谈过程中，遵守礼仪规范能够表现出对对方的尊重和重视，从而营造和谐、融洽的环境。这样的氛围有助于促进双方之间的沟通与理解，为达成共识和合作奠定坚实基础。

最后，会见、会谈礼仪还发挥着规范行为、提升效率的作用。明确的礼仪规范能够指导双方的行为举止，避免不必要的误解和冲突。同时，礼仪也有助于提高会谈的效率，使双方能够更加集中精力于讨论的问题，从而取得更佳的成果。

三、会见、会谈遵循的原则

（一）客观性原则

客观性原则是指在商务会见、会谈过程中，商务人员所依据的资料需保持客观真实，同时决策时也应秉持客观态度。具体而言，资料的客观性要求商务人员务必获取真实、准确的资料，避免使用未经证实的道听途说或对方刻意散布的虚假信息作为决策依据。在决策时，商务人员应保持清醒冷静，避免情感因素或个人偏见影响判断，确保决策过程的客观性和公正性。

（二）兼顾性原则

兼顾性原则强调商务人员在准备及进行会见、会谈时，应在不损害自身利益的基础上，充分考虑对方立场和需求，主动为对方保留一定利益。这一原则旨在促进双方合作的平等性和互利性，确保会谈结果既能满足己方需求，又能得到对方的认可和支持。

（三）预审性原则

预审性原则包含两个方面的要求。一是商务人员需对自身的谈判方案进行反复审核，力求完善。二是应将谈判方案提前提交给上级主管部门或相关人员进行审查和批准。这一原则旨在确保谈判方案的合理性和可行性，降低因方案不当而导致的风险。

（四）自主性原则

自主性原则鼓励商务人员在商务活动中充分发挥主观能动性，在遵循规范与惯例的前提下，尽力推动会谈进程。这一原则要求商务人员具备独立思考和解决问题的能力，勇于担当，积极作为，为达成会谈目标贡献自己的力量。

四、会见、会谈礼仪的具体实践

（一）会见与会谈的筹备工作

1．客户调研

在正式会见与会谈之前，商务人员需深入了解客户的背景信息、核心需求及期望目标，以确保沟通交流的针对性和有效性。

2．环境布置

会见与会谈场所应保持整洁、舒适且温馨的氛围，同时充分展现企业的文化精髓与独特魅力。商务人员需依据客户的个人偏好及习惯，对会见场所进行精心布置与调整，以营造出和谐融洽的会谈氛围。座位安排需遵循既定规范，如图 4-8 所示，确保会谈的顺利进行。

3．会见与会谈物资准备

为确保会见与会谈的顺畅进行，商务人员须提前筹备好各类必要物资，包括但不限于名片、宣传资料、笔记本及书写工具等，以便在会谈过程中及时响应客户需求，提供专业周到的服务。

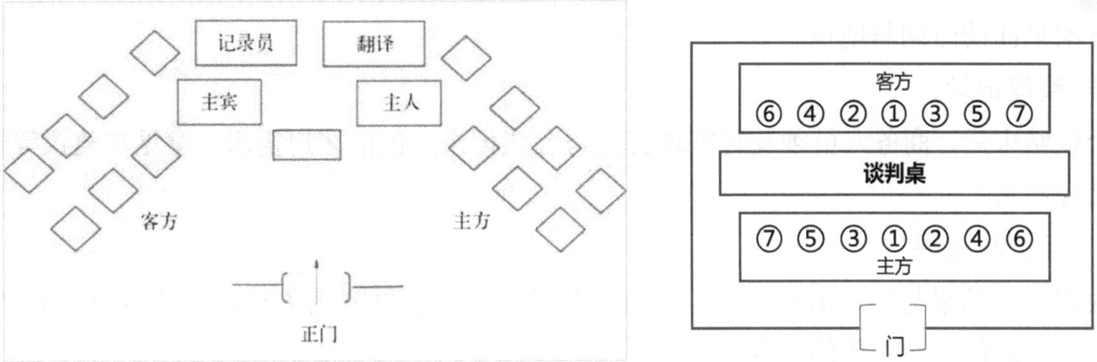

图 4-8 会见、会谈座位安排

（二）会见、会谈启动

1．准时启动

商务人员应提前抵达会见、会谈地点，并确保准时开始。如遇特殊情况需调整时间，应及时通知客户并征得其理解与同意。

2．礼貌致意

商务人员在见到客户时，应主动上前，以礼貌用语问候，并进行自我介绍。在此过程中，应保持微笑，进行眼神交流，展现友好与热情。

3．安排就座

商务人员应负责引导客户入座，并依据客户的偏好与习惯安排座位。入座后，还需主动询问客户是否需要饮品或小食等。

（三）会见、会谈进行中

1．倾听为主

与客户交流时，商务人员应将主要注意力放在倾听客户需求与意见上，以开放与包容的心态进行对话。

2．表述清晰

在阐述自身观点与想法时，商务人员应力求言简意赅，条理分明，避免使用过于复杂或专业的术语，以免给客户带来困扰。

3．展现专业

交流过程中，商务人员应积极展现其专业知识与经验，以及公司的优势与特色。同时，通过实例与案例等方式，生动形象地阐述观点，以增强客户的信任与认可。

4．注意非语言沟通

除了语言交流外，商务人员还需关注自身的非语言沟通方式，如肢体语言、面部表情等，以确保信息的准确传达。

（四）会见、会谈结束

1．礼貌道别

在会见与会谈结束时，商务人员应向客户表达感谢，并礼貌道别。如有需要，可与客户商定下次见面的时间与地点。

2．整理记录

会谈结束后，商务人员须及时整理会见与会谈记录，包括客户需求、意见与建议等信息，以备后续参考。

3．反馈与跟进

根据会谈结果与客户需求，商务人员应及时向上级领导或相关部门反馈情况，并制订跟进计划，以确保后续工作的顺利进行。

任务 5　商务人员电话礼仪

随着科技的不断进步与人民生活品质的日益提升，电话作为一种简便、高效、即时的通信工具，在职业与社会交往中的应用愈发广泛。在商务活动的日常运作中，商务人员采用恰当的电话沟通语言与技巧，对于确保商务工作的顺利进行具有举足轻重的意义。这不仅直接关系到部门声誉的塑造，还通过电话交流这一媒介，使个人在日常生活交往中，能够初步评估对方的人格品质与性格特征。因此，掌握并应用正确的、礼貌的电话沟通方式显得尤为必要。

尽管在电话交流的过程中，双方身处不同空间，无法直接观察对方的非言语行为，但通话者的声音大小、对待对方的态度、语言表达的精练程度等，这些无形的元素，均能通过交流过程清晰地传递给对方。同时，声音本身也承载着态度、情绪与修养等多重信息，共同构成了对方心目中的“电话形象”。

构建并维护一个积极的“电话形象”，不仅是个人优秀素质与道德风貌的展现，更有助于增强所在企业的正面形象，促进企业与外部环境的和谐共生。如图 4-9 所示，良好的“电话形象”对于提升整体沟通效果具有不可忽视的作用。

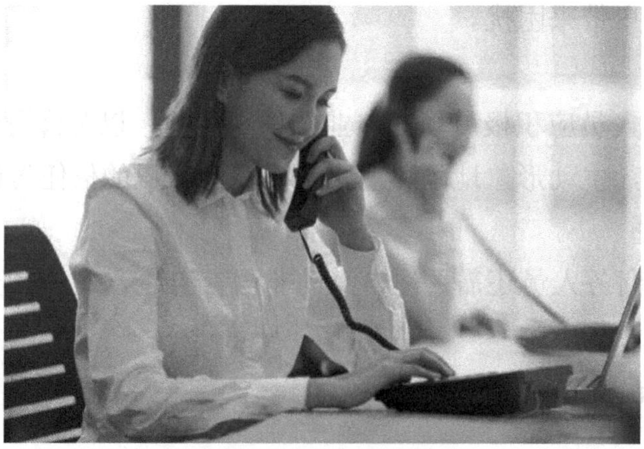

图 4-9　电话沟通

一、电话礼仪的重要性

首先，电话礼仪对于提升企业服务水平与质量具有重要作用。通过规范和系统的电话礼仪，能够塑造出受客户欢迎的服务规范和服务技巧，使企业在激烈的市场竞争中脱颖而出。专业的电话服务有助于构建良好的企业服务形象，从而赢得客户的信任与好感。

其次，电话礼仪展现了对客户的尊重。在电话沟通中，客户对于通过声音传递出的形象尤为敏感。通过展现热情周到的态度、良好的语言表达以及必要的礼节，可以在细节之处让客户感受到尊重与真诚，进而提升客户满意度。

再次，电话礼仪有助于塑造正面的企业形象。企业形象是社会公众和全体员工对企业的整体印象和评价。通过建立客服专业且正面的服务形象，可以树立企业的良好服务形象，进而提升企业的品牌价值和市场竞争力。

另外，电话礼仪还能提升员工的职业素养。对于客服人员而言，学习和运用电话服务礼仪，不仅能够提升个人形象，还能增强职业素养，有利于企业提升整体品牌形象。

最后，电话礼仪能够提高沟通效率。在电话沟通中，遵循礼仪规范可以确保信息的准确、简洁传达，避免误解和歧义，从而提高沟通效率，促进工作的顺畅进行。

因此，电话礼仪不仅是个人素质的体现，更是企业竞争力的关键组成部分。我们应当重视并学习电话礼仪，以专业的态度和规范的行为，为客户提供卓越的服务，为企业创造更大的价值。

二、电话礼仪的基本原则

（一）尊重原则

尊重构成了电话礼仪的核心基石。商务人员在通话过程中，必须始终秉持对客户人格、文化背景及个人习惯的深切尊重。

（二）真诚原则

真诚是电话礼仪所遵循的基本准则。商务人员应当在通话中展现真诚的态度，避免夸大其词或隐瞒真相，以此赢得客户的信赖与尊重。

（三）专业原则

专业性是电话礼仪不可或缺的保障。商务人员需在通话期间，充分展示其专业知识及丰富经验，以专业的方式与客户进行沟通，确保通话过程的高效与顺畅。

（四）效率原则

效率是电话礼仪所追求的重要目标。商务人员应高度重视时间的合理利用，力求在通话中缩短不必要的耗时，从而有效提升通话效率。

三、电话礼仪的基本规范

（一）通话标准流程

在拨打或接听电话时，应该遵循以下四个步骤，以确保通话的礼貌性、高效性和专业性。

1．礼貌问候与自我介绍

接通电话后，双方应首先以“您好！”等礼貌用语相互问候，以展现尊重与友好。随后，拨打电话者应进行简短的自我介绍，包含公司、部门或姓名等信息，以明确双方身份。同时，接听电话者也需及时回应并略作自我介绍，确保沟通的顺畅进行。

2．迅速转入主题，内容紧凑

在问候与自我介绍之后，应立即转入通话主题。拨打电话的一方应清晰、准确地表达通话目的及要点，确保内容条理清晰、主次分明，从而有效节省双方通话时间。

3．认真倾听，积极回应

通话过程中，应全神贯注地倾听对方讲话，避免长时间沉默。为表示关注与尊重，可适时使用“是的”“好的”“请您继续说”等简短语句进行回应。

4．适时挂断，礼貌道别

通话结束时，双方应相互道别，通常由来电方先挂断电话，接听方随后挂断。若对方社会地位或职务较高，则应该遵循尊者先挂的原则。挂断电话前，应礼貌地说一声“再见”，以示尊重与友好。

（二）通话的时间与空间原则

1．选择合适的通话时间

时间选择：应以方便对方为原则，避免在过早（如 8 点前）或过晚（如 10 点后）、对方忙碌、快下班、用餐或休息时通话，避免对其正常工作或生活造成干扰。给海外人士打电话时，需考虑地域时差因素。

通话时长：一般通话时间不宜过长，建议控制在 5 分钟以内，以确保沟通效率。

2．选择合适的通话地点

在选择通话地点时，需考虑通话内容的保密性、是否需回避特定场合等因素。同时，应尽量避免借用外人或外单位的电话进行长时间通话，特别是在开放式办公室内打私人电话时更应注意避免影响他人。

（三）其他通话细节

1．保持礼貌与专注

通话过程中应避免有气无力、粗鲁傲慢、急躁不安或语言生硬等不礼貌表现。若需与第三方交谈，应先向通话对方致歉并说明情况，再采取适当措施如用手捂住话筒等进行处理。

2．保持清晰准确的发音

为确保通话内容能够准确无误地传达给对方，应尽量避免使用地方方言、俚语或过于复杂难懂的词汇。发音需清晰准确，语调自然流畅，以便对方能够轻松理解所表达的意思。良好的发音和语调不仅有助于信息的传递，也是对通话对方的尊重。

3．避免在通话中处理其他事务

在进行电话沟通时，应全神贯注地投入与对方的交流中，避免在通话的同时处理其他事务，如查看电子邮件、浏览网页或其他操作。专注于通话不仅能够提高通话质量，还能向对方展示对此次沟通的重视和尊重。这种专注的态度有助于建立双方的信任和良好的工作关系。

4. 妥善处理通话中的突发情况

在通话过程中，可能会遇到一些突发情况，如信号不稳定、对方听不清楚等问题。面对这些情况，应迅速采取措施应对，如改变通话位置以寻找更好的信号，或重复关键信息以确保对方能够理解。在处理这些突发情况时，保持冷静和耐心至关重要，以避免不必要的误解或冲突，确保沟通顺畅。

5. 通话后的跟进与记录

通话结束后，根据通话内容及时跟进相关事务是非常必要的。此外，做好通话记录也极为重要，记录内容应详细包括通话的时间、对方的姓名及单位、通话的主题以及讨论的关键要点等。这些记录不仅有助于日后查阅和跟踪事务的进展，也是对通话内容的一种备份，确保在需要时能够迅速找到相关信息。

四、拨打电话礼仪

（一）通话前准备

在拨打电话前，商务人员应当预先整理好思路，明确谈话的目的与核心信息，以确保通话过程中内容条理清晰、逻辑严密且表达简洁高效。若遇对方未能接听，应在振铃持续六声后礼貌地挂断电话。

与此同时，商务人员应提前检查并确保通话设备运行正常，音质清晰，以避免通话过程中出现中断或音质不佳等问题。

（二）通话过程

通常在成功拨通电话后，应先向对方致以问候，随后进行自我介绍并核实对方身份，随即迅速切入正题。通话期间，应保持内容的紧凑性，同时认真倾听对方发言，并适时给予积极反馈。若通话对象为上级或客户，可视情况礼貌询问“请问您现在方便接听电话吗？”在得到对方肯定答复后再继续深入交流。

（三）通话结束礼仪

通话即将结束时，双方应相互致以礼貌的道别语。按照惯例，通常由拨打电话的一方先行挂断电话。然而，在与上级或客户进行通话时，则应该遵循礼仪，等待对方先挂断电话。

五、接听电话礼仪

（一）迅速响应接听

在电话铃声响起后，应立即接听电话（推荐在三声铃响之内完成）。对于办公室内的座机电话，若条件允许，可代为接听。然而，对于个人手机电话，一般建议不代他人接听，以维护个人及公司的隐私与秩序。

（二）礼貌且专业的通话应答

在通话过程中，首先应向对方致以问候并清晰地表明自己的身份或所在部门，如使用“您好！”或“您好！这里是 xx 集团 xx 部。”的表述。随后，应仔细聆听对方的发言，并及时、准确地给予回应。在必要时，应与对方进行确认或复述关键信息，以确保沟通无误。通话结束时，应向对方礼貌告别，展现专业素养与尊重。在问候并自报家门时，还可采用如“我是 xx 集团 xx 部 xx，请问怎么称呼您？”或“您好，这里是 xx 集团 xx 部，请问您找哪位？”等表述方式，以增强沟通的正式性和准确性。

（三）通话中的礼仪规范

1. 尽管对方无法直接观察到商务人员的面部表情，但商务人员应通过声音传递出微笑与热情，让对方感受到企业的友好与专业氛围。

2. 商务人员在通话过程中应采用清晰、准确且礼貌的语言表达观点与想法，以建立良好的沟通氛围。

3. 商务人员应全神贯注地聆听对方的需求与反馈，以开放包容的心态与对方进行深入交流，从而更好地理解并满足其需求。

4. 通话过程中，商务人员应细致记录客户需求、意见及建议等关键信息，为后续跟进工作提供有力支持。

（四）通话结束后的处理措施

接听电话后，商务人员应向对方表达感谢，并礼貌地结束通话。若有必要，可与对方商定下次通话的时间及议题。通话结束后，商务人员应及时整理通话记录，确保所有信息准确无误且完整无遗漏。同时，应将通话记录妥善保存，以备后续查阅与使用。根据通话结果及对方需求，商务人员应及时向上级领导或相关部门反馈情况，并制订有效的跟进计划，以确保后续工作的顺利推进。

六、电话礼仪的注意事项

（一）避免打扰他人

在使用电话进行通话的过程中，商务人员应严格控制音量与语速，确保不对他人的正常工作或生活造成干扰。特别是在公共场所或需要保持安静的环境中，更应主动降低通话音量，以维护良好的公共秩序和他人权益。

（二）保护客户隐私

商务人员在通话过程中，应始终坚守职业道德，尊重并保护对方的隐私权。未经对方同意，不得擅自泄露对方的个人信息，确保客户隐私信息的安全。

（三）妥善处理通话中断或错误

在通话过程中，如遇到通话中断、音质不清等突发情况，商务人员应保持冷静、理智的态度，积极寻求有效的解决方案。同时，应及时与对方进行沟通，说明情况并征询对方意见，确保通话的顺利进行与问题的解决。

（四）注意文化差异

在与来自不同文化背景的客户进行通话时，商务人员应充分了解并尊重客户的文化传统和习俗。在通话过程中，应适当调整自己的礼仪和行为方式，以更好地适应客户需求，展现专业素养和跨文化沟通能力。

任务6 商务人员电子传播礼仪

在当代商务环境中，电子传播媒介如电子邮件、即时通信软件及社交媒体等，已逐步成为商务人员日常交流不可或缺的渠道。这些工具不仅显著提升了沟通效率，还打破了地理与时间的壁垒，极大地推动了全球商务合作的深化与拓展。

一、电子传播礼仪的重要性

（一）有助于维护良好的人际关系

恰当的措辞、语气和格式能够体现尊重和专业性，从而提升沟通效果，避免误解和冲突。

（二）能够提升工作效率

清晰、简洁的邮件或消息能够迅速传递信息，减少不必要的回复和澄清，节约时间和精力。

二、电子传播礼仪的基本原则

（一）尊重他人

在日常沟通中，尊重他人的人格、观点和感受至关重要。我们应避免恶意侮辱、批评或攻击他人，因为此类行为不仅伤害对方，也会破坏双方的和谐关系。同样，尊重他人隐私十分重要，我们不应传播他人的个人信息，包括但不限于电子邮件地址、电话号码及私聊记录等，这些行为均可能给他人带来麻烦和困扰。

（二）明确与简洁

在执行电子邮件或网络通讯时，确保信息主题的明确性十分关键。一个明确的主题有助于接收者迅速把握邮件的核心内容，进而提升沟通的效率。同时，在撰写邮件或信息时，语言的简洁明了也十分重要。应尽量避免使用冗长和晦涩的表述，这不仅能够使信息更加易于理解，还能彰显出您的专业性和对沟通效率的重视。

（三）言行一致

网络空间的道德规范与法律要求与现实社会中的标准并无二致，因此，我们有责任恪守职业道德准则，并对自己的言论与行为承担相应的责任。在网络沟通交流过程中，维护公司及个人的职业形象同样至关重要。我们应当展现出友好而不失庄重，自信而不显傲慢的态度。如此，不仅能够赢得他人的敬重，亦有助于营造一个健康和谐的网络环境。

（四）及时回应

在收到他人通过电子邮件或网络通讯发送的信息时，及时作出回应是基本礼仪的体现，彰显了对对方的尊重与关注。在进行回复时，恰当地附上原始信息，有助于收件人迅速回溯信息内容，进而提升沟通效率。

（五）宽容与理解

在互联网交流过程中，我们应当对他人所犯的错误持宽容之心，避免进行讥讽或责备。培养倾听他人观点的习惯，尊重多元的意见，以理性和善意的方式进行对话，这不仅有助于增进彼此的理解，还能营造一个更为和谐的网络讨论氛围。

（六）保护隐私与安全

在网络交流过程中，维护他人隐私是基本准则之一，避免在公共平台上透露敏感信息，以及尊重他人的隐私设置，是维护网络安全的基本要求。同时，在传递敏感数据时，宜采用加密技术处理信息，确保其安全性。

三、电子传播的种类

（一）传真

传真，又称传真电报，是一种利用光电效应原理，依托于普通电话网络进行文件、书信、资料、图表、照片等真迹信息的发送与接收的现代化通信手段。传真机作为实现这一功能的关键设备，其外观如图 4-10 所示。

图 4-10　传真机

传真的主要优势在于其操作的简便性与传输的高效性。用户能够迅速地将包含复杂图案在内的真迹信息传送给接收方，提高了信息交流的效率。然而，传真技术也存在一定的局限性。具体而言，其自动发送功能相对较弱，往往需要人工操作，以确保传输过程的顺利进行。

此外，在某些情况下，传真的清晰度可能无法达到理想的水平，影响信息的准确传达。

（二）电子邮件

电子邮件，又称 E-mail，是一种通过计算机网络在计算机用户之间传递各类信息的通信手段。目前，电子邮件以其正式、高效、便捷的特点，成为现代社会最为流行的通信方式之一。因此，在商务办公中，收发电子邮件已成为网络办公的常规和重要环节，电子邮件礼仪也随之成为商务礼仪体系中不可或缺的一部分，其对客户关系的影响愈发凸显。撰写高质量的商务电子邮件，是每位商务人员必须掌握的工作技能之一，电子邮件如图 4-11 所示。

图 4-11　电子邮件

（三）社交媒体

在当今社会，人们的交流方式日益多元化，涵盖了诸如微信、微博、QQ 等众多新媒体平台。在运用这些新兴媒介进行日常沟通时，商务人员应当秉持高度的礼仪意识，以维护并提升自身的良好形象。常见的社交新媒体平台，如图 4-12 所示。

图 4-12　常见的社交新媒体

四、电子传播礼仪的具体实践

（一）电子邮件礼仪

1．明确邮件主题

商务人员在撰写邮件时，应确保邮件主题明确且简洁，能够准确反映邮件的核心内容和目的，以便客户迅速把握邮件的主旨。

2．规范邮件内容

邮件内容应追求简洁明了，结构清晰，避免冗余的表述和与主题无关的内容，以确保信息传递的高效性。

3．遵循邮件格式规范

商务人员在撰写邮件时，需遵循一定的格式规范，如使用恰当的称呼、问候语及结束语，以展现专业性和礼貌性。

4．妥善处理邮件附件

如需发送附件，商务人员需确保附件格式正确、无病毒，并在邮件正文中对附件进行简要说明，以便收件人快速了解附件内容。

5．及时回复邮件

商务人员在收到客户邮件后，应及时进行回复，以体现对客户的关注和尊重，同时也有助于建立良好的客户关系。

6．使用规范语言表达

在邮件中，商务人员应使用规范、礼貌的语言表达自己的观点和想法，以维护良好的沟通氛围。

（二）社交媒体礼仪

1．选择合适的平台

商务人员在选择社交媒体平台与客户互动时，应充分考虑平台的受众群体和特点，选择最适合与客户进行沟通的平台。

2．维护良好形象

商务人员在社交媒体上应积极维护个人和企业的良好形象，避免发布与商务合作无关的内容或不当言论，以赢得客户的信任和尊重。

3．尊重客户隐私

商务人员在与客户互动时，应严格遵守隐私保护原则，不泄露客户的个人信息和商业秘密，确保客户的信息安全。

4．谨慎处理负面评论

面对客户的负面评论或投诉，商务人员应保持冷静和理智的态度，积极寻求解决方案并及时与客户沟通，以化解矛盾并维护良好的客户关系。

5．合理管理在线状态

在使用社交媒体时，商务人员需合理管理自己的在线状态，避免给客户带来不必要的困扰或误解。

6．回复速度适中

商务人员在回复社交媒体信息时，应保持适中的速度，既不过快以避免给客户造成压力，也不过慢以防止客户感到被忽视。

7. 避免过度打扰

商务人员在使用社交媒体与客户沟通时，应注意避免过度打扰客户，尊重客户的时间和个人空间。

五、电子传播礼仪的注意事项

（一）防止过度依赖电子传播工具

尽管电子传播工具具备便捷与高效的特点，商务人员仍需警惕过度依赖此类工具而忽视面对面交流的重要性。特别是在涉及重要或复杂商务议题时，面对面的沟通方式能够更为直接且深入地洞悉客户需求与期望。

（二）尊重文化差异

在与具有不同文化背景的客户进行非面对面交流时，商务人员应秉持尊重与理解的态度，充分尊重客户的文化传统与习俗，并灵活调整自身的礼仪与行为方式，以确保沟通的顺畅与高效。

（三）加强个人信息安全保护

在利用电子传播工具进行商务活动时，商务人员务必重视个人信息安全防护工作，防止因个人信息泄露而引发的潜在风险与麻烦。

价值导向教学案例

案例一：办公室着装不当引发的误会

案例背景

在一家跨国公司的中国区总部，新入职的商务人员小李在日常办公室工作中，频繁穿着休闲装，例如牛仔裤和运动鞋，这与公司规定的商务正装标准存在显著差异。小李的着装习惯不仅与公司规定的商务正装标准不符，也与办公室的专业氛围不相协调。

案例描述

在一次重要的客户会议中，小李的着装引起了客户对公司专业性的质疑。客户对小李的休闲着装感到困惑，认为这可能反映出公司对待业务的专业态度有所欠缺。

案例分析

小李的着装违反了公司的商务礼仪规定，对公司商务形象造成了不良影响。在商务环境中，着装不仅是个人形象的体现，更是公司文化和专业性的外在展示。小李的着装问题实际上揭示了对商务礼仪的忽视，这可能会对公司整体形象和业务发展带来负面影响。

案例启示

商务人员应严格遵守公司的商务礼仪规定，保持专业的着装形象，以维护公司的商务形象和专业性。在商务场合中，适当的着装是基本要求，它有助于商务人员更好地融入工作环境，展现其专业素养。

案例二：在拜访客户过程中的迟到与缺乏准备

案例背景

张先生担任销售职务，主要负责访问客户并推广公司产品。在一次关键的客户访问中，张先生因交通阻塞而迟到，并且未能预先准备必要的产品资料和演示文稿。张先生的迟到及准备不足，不仅降低了访问效率，也表现出对客户的不尊重。

案例描述

张先生的迟到让客户感到不受尊重，而准备不足的产品演示也使客户对公司的专业性产生质疑。此次访问以失败告终，张先生因此失去了这一重要客户。客户对张先生的迟到和缺乏准备感到失望，认为这可能反映了公司对待业务的态度。

案例分析

张先生的迟到和缺乏准备违背了商务拜访的基本礼仪，给客户留下了不专业和不尊重的印象。在商务访问中，准时和充分的准备是构建良好商务关系的基石。张先生的行为不仅影响了与客户的个人关系，也可能对公司的声誉和业务造成负面影响。

案例启示

商务人员在访问客户时，应预先规划行程，确保准时到达，并准备充分的产品资料和演示，以体现公司的专业性和对客户的尊重。准时和充分的准备是商务访问成功的关键，也是赢得客户信任和尊重的基础。

案例三：电话沟通中的不礼貌与不尊重

案例背景

小王担任客户服务岗位，频繁通过电话与客户进行交流。在某次通话中，由于个人情绪问题，小王对客户提出的问题表现出不耐烦和冷漠，这种行为不仅影响了沟通的效率，也对客户对公司的整体印象造成了损害。

案例描述

小王的不礼貌和冷漠态度导致客户感到不满和失望，客户因此对公司的服务质量产生了怀疑，并决定停止与公司的合作。客户认为，小王的态度反映了公司对待客户的一般态度，从而对公司的服务品质产生了全面的怀疑。

案例分析

小王在电话沟通中表现出的不礼貌和不尊重行为，违背了商务电话交流的基本礼仪，给客户留下了不良印象。在商务电话交流中，保持礼貌、尊重和耐心是构建稳固客户关系的核心要素。小王的行为不仅影响了与客户的有效沟通，还可能对公司的业务发展和声誉带来负面影响。

案例启示

商务人员在电话沟通时，应始终保持礼貌、尊重和耐心的态度，积极回应客户的问题和需求，以建立和维护良好的客户关系。电话沟通作为商务交流的关键途径，良好的电话礼仪对于商务人员提供优质的客户服务、提升公司形象和增进客户满意度具有至关重要的作用。

礼仪故事

汉明帝敬师

汉明帝刘庄做太子时，其老师桓荣，是一位备受尊敬的议郎，学识渊博。后来他继位做了皇帝，仍然对桓荣以师礼相待。他曾亲自到太常府去，让桓荣坐东面，设置几杖，像当年讲学一样，聆听老师的指教。他还将朝中百官和桓荣教过的学生数百人召到太常府，向桓荣行弟子礼。

知识巩固

一、选择题

1.【单选】办公室礼仪对于商务人员的重要性主要体现在哪些方面？（　　）

A．提升个人职业素养和促进团队合作

B．仅提升个人职业素养

C．仅促进团队合作

D．仅能够与同事建立良好关系

2.【单选】以下哪种做法不符合办公室礼仪？（　　）

A．在办公室内着装恰当，避免过于随意或暴露的打扮

B．与同事交流时使用敬语和礼貌用语，如“请”“谢谢”“对不起”

C．在办公室内大声讨论私人或敏感话题，以增加同事间的亲密感

D．尊重他人时间，合理安排工作任务，避免拖延和占用他人时间

二、判断题

1．在商务会见、会谈中，客观性原则要求商务人员在决策时可以使用未经证实的道听途说或对方刻意散布的虚假信息作为依据。（　　）

2．在电话沟通中，商务人员应始终遵循尊重、诚信、专业和效率原则，以确保通话的顺畅和高效。（　　）

三、问答题

1．商务接待礼仪的基本原则有哪些？

2．商务拜访他人时应注意哪些事项？

礼仪实训

一、实训目的

1．深化学生对商务办公礼仪的理解与掌握，以提升其在专业领域内的应用能力。

2．强化学生在实际办公环境中应用礼仪技能的能力，确保其能够准确、得体地应对各种商务场景。

3．培养学生的职业素养，进而提升企业形象，为企业的持续发展奠定坚实的人才基础。

二、实训内容

1．办公室礼仪

角色扮演：模拟办公室场景，学生扮演不同角色，如领导、同事、访客，进行日常交流，练习使用敬语、礼貌用语，以及正确的行为举止。

礼仪训练：组织模拟会议，练习会议前的准备、会议中的纪律遵守、发言顺序与技巧，以及会议后的整理与总结，强化礼仪。

文件处理与保密：模拟文件归档、传递、借阅等环节，训练学生正确分类、整理文件，确保文件安全与机密性，提升职业素养。

公共空间礼仪：在茶水间、走廊等公共空间，锻炼学生排队、让座、轻声交谈等礼仪，维护公共秩序，营造和谐氛围。

情景应对：设计突发情况，如紧急电话、客户投诉等，训练学生冷静应对，运用沟通技巧解决问题，展现专业素养。

2．接待与拜访礼仪

接待客户：通过角色扮演，使学生熟悉接待流程，包括微笑、问候等细节。

拜访他人：教授学生拜访前的预约技巧、准时到达的重要性、礼貌敲门、自我介绍等礼仪规范。

3．会见、会谈礼仪

环境布置：学习如何根据客户需求与企业文化，布置会见与会谈场所，营造和谐氛围。

礼仪实践：模拟会见与会谈场景，练习礼貌致意、引导就座、倾听与表达等礼仪技巧。

应对变化：培养应变能力，模拟突发状况，如时间调整、客户需求变化等，学习灵活应对。

礼仪审核：进行角色扮演，相互审核礼仪表现，指出不足并改进，提升整体礼仪水平。

4．电话礼仪

接听电话：指导学生接听电话时的标准用语，确保信息传递的准确与高效。

拨打电话：指导学生掌握拨打电话时的礼貌用语，以及如何清晰、准确地传达信息。

转接电话：模拟转接电话的场景，使学生熟悉操作流程并掌握礼貌用语。

5．电子邮件礼仪

邮件撰写：强调商务电子邮件的格式规范，包括称呼、正文、结束语等部分的礼仪要求。

邮件回复：培养学生及时回复邮件的习惯，并教授如何礼貌、准确地回复邮件。

三、实训方法

1．角色扮演：通过分组进行角色扮演，模拟实际办公场景中的礼仪应用，使学生在实践中学习。

2．案例分析：选取实际案例进行分析，帮助学生理解礼仪在实际工作中的应用及效果。

3．讲解与示范：讲师对各项礼仪进行详细讲解并示范正确做法，确保学生能够准确掌握。

4．互动讨论：鼓励学生提问、分享经验，通过互动讨论加深对礼仪知识的理解和记忆。

四、实训评估

1．过程评估：对学生在实训过程中的表现进行实时评估，及时给予反馈和指导。

2．结果评估：通过模拟测试、问卷调查等方式评估学员对商务办公礼仪的掌握程度和应用能力。

五、实训总结

在实训结束后进行总结和反思，强调礼仪在商务办公中的重要性及其对职业素养和企业形象的影响。鼓励学生将所学应用到实际工作中去，并不断提升自己的职业素养和礼仪水平。

项目五

商务活动礼仪

项目导读

商务活动礼仪，作为现代商业交往中的核心要素，不仅是商业文明的具体展现，更是商业发展的关键驱动力之一。在当今商业竞争愈发激烈的背景下，精准掌握并有效运用商务活动礼仪，对于提升个人职业素养、构建企业正面形象，以及促进商业合作与持续发展具有不可估量的价值。如图 5-1 所示，商务活动礼仪广泛涉及商务场合的多个层面，从着装风格、言谈风度到活动规划、礼品选择等，均体现出商务人员的专业素养及企业的整体风貌。

在商务活动中，个人的言谈举止往往成为外界评估其职业素养及企业形象的重要标尺。因此，恪守商务活动礼仪，不仅是对他人的尊重，更是自我尊重的体现，是对个人职业素养及企业形象的高度负责。

综上所述，本项目为学生精心构建了全面且系统的理论框架与实践指南。通过深入学习并实践这些礼仪规范，我们能够显著提升个人职业素养，精心塑造企业形象，进而有力推动商业合作的深化与商业领域的繁荣发展。展望未来，那些高度重视礼仪、秉持尊重精神并擅长沟通协作的商务人员，会在激烈的商业竞争中脱颖而出。

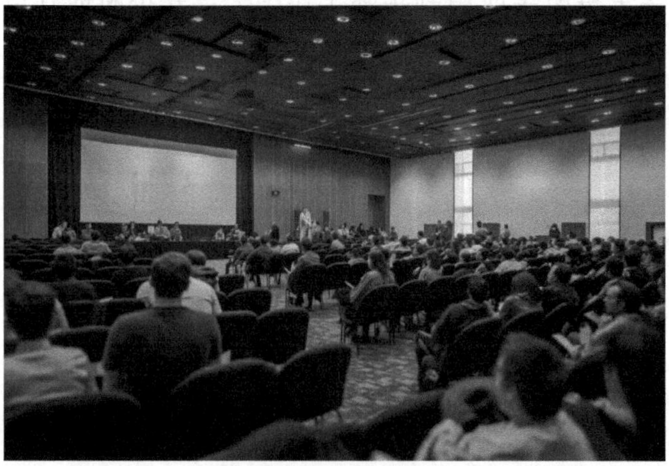

图 5-1　商务活动

学习目标

知识目标

1. 掌握促销活动的礼仪表现。
2. 了解商务谈判、展览会、记者招待会的礼仪要点。

能力目标

1. 能进行商务谈判活动的策划。
2. 能参与、组织促销活动。

素质目标

1. 培养诚实守信的职业素质，讲信用，守承诺。
2. 在商务交往中以诚相待，体现个人应有的素质。

引导案例

谷歌与宝马的商务合作活动

谷歌，作为全球科技巨头，一直在寻求与各行业领先企业的合作机会，以推动其技术创新和业务拓展。宝马，作为世界知名的汽车制造商，同样也在不断探索与科技公司的合作，以提升其产品的智能化和用户体验。两家公司在一次关于智能驾驶技术的合作项目中，展现了出色的商务活动礼仪，为双方的合作奠定了良好的基础。

在筹备合作签约仪式之前，谷歌团队与宝马团队进行了充分的沟通和准备。谷歌团队提前了解了宝马公司的文化背景、历史传统和业务范围，同时研究了德国的商务活动礼仪。宝马团队也对谷歌公司的技术实力、企业文化和美国的商务活动礼仪进行了深入了解。

签约仪式当天，谷歌团队准时到达现场，并精心准备了礼物——一套最新的人工智能技术套件，寓意双方合作将为智能驾驶技术的发展贡献力量。宝马团队则热情迎接，双方团队在友好的氛围中进行了深入的交谈。在签约仪式上，双方代表都穿着正式的商务装，体现了对这次活动的尊重。谷歌代表首先发表了讲话，感谢宝马团队的热情接待，并简要介绍了谷歌在智能驾驶技术方面的最新进展和合作愿景。宝马代表随后也发表了讲话，对谷歌团队的技术实力和专业素养表示高度赞赏，并期待双方的合作能够取得圆满成功。

在签约环节，双方代表在友好的氛围中签署了合作协议。随后，双方团队共同举杯庆祝这次合作的成功。整个活动过程中，双方都展现了高度的专业素养和礼仪修养，为合作奠定了良好的基础。

【思考】

在商务活动中，了解和尊重合作伙伴的文化背景和商务礼仪对于建立良好的合作关系十分重要。请思考以下问题：

1. 在准备与国际合作伙伴进行商务活动时，我们应该如何收集和了解对方的文化和商务礼仪信息？

2. 在商务活动中，有哪些常见的礼仪规范需要特别注意，以避免文化冲突？

3. 在商务活动中，商务人员应如何在展现自身公司文化的同时，又充分尊重合作伙伴的公司文化？

4. 在商务谈判和签约过程中，有哪些关键的礼仪细节可以促进双方的合作？

知识讲堂

任务1 促销活动礼仪

在竞争日益激烈的市场环境中，进行促销活动已演变为企业吸引消费者、提升销售业绩的关键策略。在此过程中，恰当地运用商务活动礼仪，不仅能够加强顾客的购物体验，而且对企业的专业形象和品牌声誉产生着积极的影响。因此，商务人员掌握并遵循促销活动中的各项礼仪规范，显得尤为关键。

销售产品亦是在推销自我，销售人员的正面形象是构筑客户信任基石的重要元素。为确保业务的长远发展，除了具备全面的专业知识外，个人魅力同样成为不可或缺的要素。强化个人修养，重视礼仪细节，从内而外散发出亲和力与感召力，是通往成功的关键条件。

促销活动，本质上是精准把握客户性格，深入洞察客户特点，进而激发客户的思考与行动。

一、促销前的准备

（一）深入理解所推广的产品

为了有效地宣传产品，商务人员需对产品有全面而深入的了解，这包括产品的生产过程、制作工艺、原材料选用、质量控制、包装设计以及产品的优缺点等。此外，商务人员还应熟悉产品的产地、价格、造型、颜色、款式等基本信息，并掌握产品的技术资料、操作说明书以及保养维修手册等相关内容，以便在消费者咨询时能够迅速、准确地提供信息，从而促进消费者做出购买决策。

（二）全面了解顾客情况

1. 掌握顾客所在国家和地区的文化背景

不同国家和地区的人们具有不同的生活习惯、性格特征和购物心理，这些因素都会对顾客的购买行为产生深远影响。因此，商务人员需要了解顾客所在国家和地区的文化背景，以便更好地把握顾客的购物需求和心理特点。

2. 分析顾客的社会地位和个人特征

商务人员还需了解顾客的社会地位、职业、年龄等个人特征。这些特征有助于商务人员更准确地判断顾客的购买能力和购买偏好，从而采取更加针对性的推销策略。例如，针对女士推销高跟鞋，针对男士推销剃须刀等。

3. 洞察顾客的性格和爱好

在购物过程中，不同性格的顾客会表现出不同的行为特点。商务人员需通过观察、交流等方式了解顾客的性格和爱好，以便采取合适的推销方式。例如，对沉稳型顾客应表现出周全稳重的态度，对权威型顾客应耐心倾听并适当引导，对直率型顾客应直接说明产品利弊；对选择困难型顾客则需察言观色，适时指出关键信息并耐心解释。

4. 评估顾客的收入水平

收入水平是衡量顾客购买决策倾向的重要因素之一。商务人员应当评估顾客的收入水平，以便根据顾客的消费能力推荐合适的产品。例如，收入较为有限的顾客群体往往更注重产品的实用性与性价比，而收入水平较高的顾客则可能更倾向于追求产品的品质和品牌形象。

5. 了解顾客的家庭状况

了解顾客的家庭状况是建立良好客户关系的途径之一。商务人员可以通过与顾客的交流、观察顾客的行为举止等方式了解顾客的家庭成员、居住环境、家庭氛围等信息。这些信息有助于商务人员更准确地判断顾客的购买需求和偏好，从而提供更加个性化的推销服务。同时，商务人员还需注意尊重顾客的隐私，避免提出不恰当的问题。

6. 识别家庭中的决策者

在家庭购买决策中，往往存在一个或多个决策者。商务人员需识别出家庭中的决策者，并围绕其展开推销活动。为了判断谁是决策者，商务人员可以寻找“家庭权威中心点”，即家庭中在购物决策中具有较大影响力的成员。

（三）熟悉公司概况

在为公司进行推销之前，需详尽了解公司的多方面情况，包括但不限于其发展历程、核心业绩亮点、内部组织架构、决策机制流程、销售渠道布局、广告宣传策略、运输与交货的具体方式，以及价格折扣政策等。深入了解能够增强个人对公司的认同度与荣誉感，同时也是有效应对顾客多样化问题的关键所在，进而为推销工作的顺利开展奠定坚实基础。

因此，在选择服务的公司时，务必持以审慎态度，深入考察公司产品质量的可靠性及公司的信誉状况，确保自己能够为公司的发展贡献积极力量，做出明智的职业选择。了解公司情况，如图 5-2 所示。

图 5-2　了解公司情况

二、促销活动中的礼仪表现

（一）热情接待

在促销活动中，商务人员应秉持热情、友好的态度，积极迎接每一位踏入店铺的顾客。通过微笑、诚挚问候等举措，向顾客传递企业的真诚与温暖，让每位顾客都能感到宾至如归，如图 5-3 所示。

图 5-3　热情接待

（二）专业解答

针对顾客的咨询与疑问，商务人员需展现出高度的耐心与专注，认真倾听并细致解答。在此过程中，应充分展现个人的专业知识与服务素养，确保语言的清晰、准确且礼貌得体，以有效避免顾客的误解与不满情绪。

（三）主动推荐

在充分了解顾客需求的基础上，商务人员应主动出击，为顾客推荐合适的产品或服务。在推荐过程中，应注重方式，确保推荐内容的精准性，考虑顾客的接受度力求既不过于强硬也不过于唐突。

三、促销活动后的礼仪跟进

（一）致谢顾客

促销活动圆满结束后，商务人员应及时向参与活动的顾客表示诚挚的感谢。可以通过撰写并发送感谢信、赠送精心挑选的小礼品等方式实现，旨在彰显企业对顾客的高度重视与深切感激。

（二）收集顾客反馈

商务人员应积极主动地向顾客征集对促销活动的反馈意见，包括但不限于活动的亮点、存在的不足之处、顾客提出的改进建议等。这些宝贵的反馈不仅有助于企业全面评估活动的实际效果，更为后续促销活动的规划与实施提供了重要的参考依据。

（三）总结活动经验

每次促销活动结束后，商务人员都应深入剖析活动的全过程，认真总结其中的经验教训。这包括分析活动的成功之处与不足之处，通过反思与总结，不断完善和提升企业的促销策略及执行能力，为未来的营销活动奠定坚实的基础。

四、促销活动的技巧和方法

（一）明确目标受众定位

准备促销活动时的首要任务在于深入了解目标受众。通过详尽的市场调研与数据分析，精确锁定受众的性别、年龄层次及兴趣偏好等核心特征，为活动策划奠定坚实基础，确保促销活动能够精准触达目标群体。

（二）精心策划活动内容

活动内容的独特性与吸引力是脱颖而出的关键。应与竞争对手有区分，灵活运用打折、赠品、礼包、抽奖等多种促销手段，并依据目标受众的特质，量身定制具有吸引力的活动方案。例如，推出“您许愿，我送礼”的创新活动，让顾客在满足一定消费条件后，根据个人喜好挑选赠品，以此增添活动的趣味性与互动性。

（三）制定科学合理的促销策略

促销策略的制定需全面考虑时间、地点、促销力度等关键因素。选择节假日、周末等高峰期开展活动，以最大化吸引人流。同时，精心挑选能够吸引目标受众的地点，如繁华的商业中心、学校周边等，确保活动效果。在促销力度上，需要寻求平衡点，既让顾客感受到实实在在的优惠，又应确保商家有盈利空间。

（四）实施多渠道宣传推广策略

充分利用传统媒体与新媒体的互补优势，通过电视、广播、报纸、社交媒体等多种渠道，广泛传播活动信息。确保宣传内容的准确无误，提升活动的知名度与参与度。此外，还可借助口碑传播与合作推广等方式，进一步扩大活动的影响力。

（五）构建优质的售后服务体系

促销活动不仅是提供顾客购买的契机，更是建立长期顾客关系的重要一环。因此，需提供优质的售后服务，以提升顾客的满意度与忠诚度。通过设立售后咨询热线、提供产品保修服务、及时处理顾客投诉等措施，增加顾客对品牌的好感与信任。

（六）探索多样化促销方式

1．单次促销法：针对热门商品实施限量销售策略，营造稀缺氛围，激发顾客购买热情。

2．反季促销法：在销售淡季推出非应季商品，利用折扣优势吸引顾客关注与购买。

3．翻耕促销法：通过优质的售后服务吸引老顾客回归，提升店铺好感度与复购率。

4．轮番降价促销法：定期轮换特价商品，吸引顾客持续关注与选购，同时带动非特价商品的销售增长。

五、促销活动礼仪的注意事项

（一）尊重顾客权益

在促销活动中，商务人员应当始终秉持尊重顾客的原则，充分尊重并重视顾客的意见和选择。避免采用任何形式的强迫或诱导手段，使顾客在自愿、自主的基础上做出购买决策，确保顾客权益得到充分保障。

（二）坚守诚信原则

诚信作为企业的基石，对于商务人员在促销活动中的行为同样具有重要的指导意义。商务人员应坚守诚信原则，确保所宣传的产品或服务信息真实可靠，不夸大其词、不虚假宣传。只有这样，才能赢得顾客的信任和支持，为企业的长远发展奠定坚实基础。

（三）维护企业形象

商务人员在促销活动中不仅是企业产品的推广者，更是企业形象的代表者。因此，商务人员应注重个人形象和言谈举止，以积极、专业、热情的态度展现企业的品牌形象和价值观。

（四）遵守法律法规与行业规范

在策划和执行促销活动时，商务人员应严格遵守国家的法律法规以及行业的相关规范。确保促销活动的合法性和合规性，维护市场秩序，创造竞争环境。同时，商务人员还应加强对相关法律法规的学习和理解，提高自身法律意识，增强风险防范能力。

任务2 商务谈判礼仪

在商业活动中，商务谈判扮演着重要的角色，其核心在于平衡并协调双方的利益分配。商务谈判礼仪，作为贯穿整个商务谈判过程的规范准则，能够保障谈判的顺畅进行，并促进最终合作的达成。

一、商务谈判的含义

商务谈判，又称“商业交涉”，是各方围绕某一具体商务合作，以经济利益为核心导向，为了达成各方共同利益目标的信息交流与协商过程。虽然其解决的问题在影响力上可能不及国内外政治、军事谈判那般深远，但商务谈判是最为常见的经济活动之一。

相较于一般谈判，商务谈判既保留了谈判的普遍特性，如基本功能、特征，又展现出其独特的个性，主要体现在谈判目标的设定以及谈判过程与结果的独特性上。

二、商务谈判的基本特点

（一）首要目标为获取经济利益

在各类谈判活动中，谈判者的参与动机各异，外交谈判聚焦于国家层面的利益，军事谈判则主要关乎敌对双方的安全利益。尽管这些谈判领域均在不同程度上触及经济利益，但其核心并非经济利益本身。相比之下，商务谈判的目标显得尤为明确，即谈判者首要追求的是经济利益的实现。在保障经济利益得到满足的基础上，才会进一步考虑其他非经济层面的利益。尽管商务谈判过程中，谈判者可以调动并运用多种因素，且非经济利益也可能对谈判结果产生一定影响，但其最终目标始终聚焦于经济利益的获取。相较于其他类型的谈判，商务谈判对经济利益的重视程度更高，同时更加关注与技术、成本、效益等相关的谈判内容。

（二）合同条款的严谨性与准确性

商务谈判的成果通常通过双方协商一致的协议或合同来具体体现。合同条款作为各方权利与义务的法律化表达，其严谨性与准确性对于保障谈判各方所获得利益具有重要的意义。因此，在商务谈判过程中，必须高度重视合同条款的制定工作，确保合同条款内容严密、表述准确，为谈判成果的有效落实提供坚实的法律保障。签署合同的过程如图 5-4 所示。

（三）强化时效性意识

商业领域犹如战场，机遇稍纵即逝，时间尤为宝贵。“一寸光阴一寸金”，市场环境瞬息万变，竞争对手环伺四周，时间的流逝往往会导致价值的巨大波动。尤其对于零售商品的市场而言，一旦错过销售旺季，往往只能采取降价促销的策略以回笼资金。因此，在商务谈判过程中，谈判双方均应高度重视谈判的效率以及合同履行的时效性，确保在激烈的市场竞争中占据有利地位。

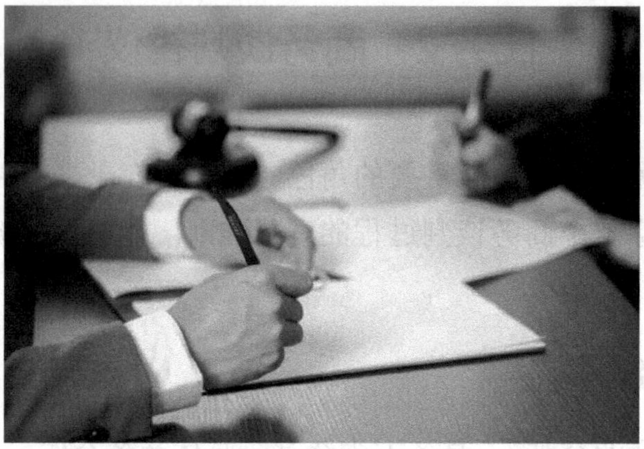

图 5-4　签署合同

三、商务谈判的程序

商务谈判，作为谈判双方或多方之间的协商流程，其成功达成需历经计划准备、磋商、交涉及谈判结束的系统性程序。以下是对谈判主要程序的阐述。

（一）谈判邀约

谈判邀约是谈判的起始点，旨在明确谈判的具体内容、形式及相关细节。通常由一方率先提出倡议并发起邀请，随后由另一方或多方作出回应，从而正式确立谈判议题。在正式谈判启动前，常由商务人员就谈判内容、参与人员、流程安排、时间、地点等事宜进行初步的非正式沟通。

（二）资料收集

商务谈判作为策略性活动，充分准备非常重要。唯有深入了解自身及对方情况，才能掌握谈判主动权，推动合作达成。这包括明确己方的谈判目的与期望，设定临界目标、期望目标及理想目标。同时，广泛搜集与谈判主题紧密相关的信息资料、政策法规及其他公开渠道可获资源，并深入了解对方谈判代表的权限范围、个人背景、性格特征等关键信息。

（三）计划拟定

谈判计划，即谈判的行动蓝图，需详尽规划谈判主题、明确目标及其可行性、选定谈判团队成员、安排谈判议程、确定谈判方式与时间地点，并做好相应的物资准备。此外，主办方还需做好谈判环境的布置以及参与人员的食宿交通等后勤保障工作。

（四）模拟演练

针对重大谈判，应在实战前安排模拟演练。通过列表分析、预演辩论、实际场景模拟等方式，对谈判团队成员进行全方位培训，以提升其应对能力与协作效率。

（五）谈判实施

此阶段为谈判活动的核心环节，涵盖谈判的开局、导入、观点陈述、讨论辩论、意见整合、协议达成等多个关键步骤。

（六）谈判结束

谈判应在适当时候结束，避免无谓拖延。若双方未能达成共识，则谈判失败；若就共同关心的议题达成一致，则标志着谈判圆满结束。

（七）后续工作

谈判结束后，还需开展一系列后续工作，如联合撰写协议、合同等具有约束力的文件，并可能通过媒体向公众宣布谈判成果。

四、商务谈判技巧

谈判技巧在商务谈判中具有举足轻重的地位。恰当地运用谈判技巧，并巧妙地处理谈判过程中可能出现的问题，是确保谈判取得预期成效的核心要素。谈判技巧纷繁多样，以下列举常用的四种。

（一）谈判姿态的把握

谈判姿态，即谈判者在谈判过程中所展现出的态度倾向，强硬或温和。谈判各方需根据谈判的进展适时调整并明确展示其姿态。一般而言，谈判初期采取积极姿态有助于双方迅速进入合作状态。面对对方的强硬态度时，适度采取消极姿态以表明立场坚定，但需谨防过度，以免导致谈判陷入僵局甚至破裂。

（二）讨价还价的策略

商务谈判本质上是一个双方不断协商、讨价还价的过程。这一过程极具技巧性，需精心策划策略。在讨价还价时，首要任务是把握报价时机。通常，在充分了解对方态度、明确谈判焦点及大致内容后，应及时提出报价。

（三）僵局的突破

商务谈判过程中，僵局的出现并不罕见。如何有效突破僵局，成为推动谈判顺利进行的关键。僵局的形成可能源于谈判者的情感、立场、性格及谈吐等多方面因素，也可能与外部环境的变化及谈判议题本身的复杂性有关。谈判者需灵活运用谈判中的可变因素，如更换谈判场所、调整谈判团队构成、暂时中止谈判进程等方式，消除分歧，打破僵局。

（四）让步的艺术

在商务谈判中，让步是不可避免的。然而，让步并非简单地做出妥协，而是需要运用巧妙的让步技巧来引导对方也作出相应的让步。为防止己方过度让步，明确而坚定地拒绝对方的不合理要求是一种有效手段。但需注意，生硬的拒绝可能会加剧谈判的紧张氛围，甚至导致僵局。因此，在拒绝时需注重方式方法，以保持谈判的和谐氛围。

五、谈判人员的素质要求

谈判人员通常需具备以下素质要求。

1．谈判人员需具备清晰的逻辑思维与敏锐的观察力，能够准确捕捉谈判中的关键信息。

2．谈判人员应展现出稳健的谈判风格，能够自我控制情绪，保持冷静与理智。

3．谈判人员创造性思维与高效解决问题的能力是谈判人员不可或缺的素质，有助于在复杂情境下找到突破口。

4．道德层面上，谈判人员应严格遵循守时守信的原则，以维护良好的商业信誉。

5．谈判人员需具备多角度思考问题的能力，能够全面审视谈判议题，制定周全的策略。

6．谈判人员应熟悉对方所在国家或地区的风土人情，有助于增进双方理解与沟通。

7．尊重他人是商务谈判中的基本礼仪，也是建立互信关系的基石。

8．准确的判断能力使谈判人员能在瞬息万变的谈判局势中迅速做出正确决策。

9．品格正直是谈判人员赢得尊重与信任的重要品质，有助于构建长期合作关系。

10．丰富的学识是谈判人员综合素质的体现，有助于在谈判中引经据典，增强说服力。

六、商务谈判的礼仪要求

（一）商务谈判前的礼仪筹备

1．深入调研谈判对手

在商务谈判开展之前，需对谈判对手进行全面而深入的调研，涵盖其企业背景、经营现状、市场信誉以及谈判代表的个人情况等，以确保谈判的顺利进行。

2．明确谈判目标

明确本次谈判的具体目标及期望达成的成果，为谈判过程提供清晰的指引。

3．组建专业谈判团队

根据谈判的实际需求，精心组建一支专业且高效的谈判团队，确保团队成员具备相应的专业素养和谈判能力。

4．合理规划谈判场地与时间

认真挑选并布置谈判场地，确保环境安静、舒适且私密，为谈判营造良好的氛围。同时，合理安排谈判时间，确保双方均能按时参与。

5．充分准备谈判资料

根据谈判需求，全面收集并整理相关资料和数据，为谈判过程中的观点阐述提供有力支持。

（二）商务谈判过程中的礼仪展现

1．着装规范得体

商务谈判作为企业形象的重要展示窗口，谈判人员应身着正式、得体的服饰，以展现企业的专业性和严谨性。

2．严格遵守时间约定

守时是商务谈判中的基本礼仪要求。谈判人员应提前到达谈判地点，做好充分准备，以表达对对方的尊重并营造良好的谈判氛围。

3．热情友好接待对方

在对方到达后，应主动上前握手致意，并引导对方入座。同时，提供必要的饮品和服务，以展现企业的热情好客。

4．注意言谈举止的礼貌性

在商务谈判过程中，谈判人员应保持礼貌、友善的态度，条理清晰地表达自己的观点，并耐心、专注地倾听对方的发言。

5．尊重对方意见与观点

在谈判中，应充分尊重对方的观点和意见，避免强行反对或压制对方，以建立平等、互信的谈判关系。

6．灵活应对突发情况

面对商务谈判中可能出现的预料之外的情况和问题，谈判人员应保持冷静、理智的态度，灵活调整谈判策略和方案，以确保谈判的顺利进行。

7．注重记录与总结工作

在谈判过程中，应指定专人负责记录谈判内容和进展情况。谈判结束后，对谈判过程进行总结和分析，为今后的商务谈判提供宝贵的经验。

（三）商务谈判后的礼仪后续

1．及时整理谈判记录

谈判结束后，应迅速整理谈判记录，包括双方的观点、达成的协议以及待解决的问题等，为后续工作提供基础资料。

2．撰写详尽谈判报告

根据谈判记录和总结结果，撰写一份详尽的谈判报告。报告应全面反映谈判过程、结果分析以及改进建议等内容，为企业领导层提供决策参考。

3．跟进协议执行情况

对于谈判中达成的协议和共识，应明确专人负责跟进执行。在执行过程中，保持与对方的密切沟通联系，及时解决可能出现的问题。

4．表达感谢与定期回访

谈判结束后，向对方表示诚挚的感谢，并表达对未来合作的期待与愿望。同时，定期进行回访和沟通，了解对方的最新动态和需求变化，为今后的合作创造更多机会。

七、商务谈判礼仪的注意事项

（一）避免过度自信

在商务谈判中，自信固然是不可或缺的品质，但过度自信却可能引发判断偏差与决策轻率。因此，谈判过程中需保持谦逊谨慎的态度，全面考量各类潜在因素与风险，以确保决策的稳健与精准。

（二）强化团队合作

鉴于商务谈判通常涉及多个专业领域，团队协作显得尤为重要。在谈判过程中，应充分发挥每位成员的专长与优势，协同应对各种挑战与难题，以团队的力量推动谈判的顺利进行。

（三）坚守诚信原则

诚信是商务谈判的基石，也是双方建立信任与合作的基石。在谈判过程中，必须坚守诚信原则，如实陈述事实与数据，杜绝任何形式的欺骗与隐瞒。唯有在诚信的基础上，谈判才能取得长远且稳固的成功。

（四）尊重文化差异

在跨文化商务谈判中，文化差异是不可忽视的因素。谈判双方应相互尊重对方的文化背景，深入了解并遵守对方的礼仪规范与行为准则，以避免因文化差异而引发的误解与冲突。

任务 3　展览会礼仪

展览会礼仪是指在参加展览会时应遵守的行为规范和礼节。首先，参展人员应穿着得体，以专业形象出现。在展台前，应主动与参观者打招呼，保持微笑，展现友好和专业的态度。介绍产品或服务时，要清晰、准确，避免夸大其词。其次，应尊重参观者的个人空间，避免过度接近或强迫交流。在与人交谈时，应保持适当的眼神交流，表现出对对方的尊重和关注。再次，展览会期间，应保持展台整洁有序，确保资料和样品的摆放得当。最后，在展览会结束时，向参观者表示感谢，并留下联系方式以便后续跟进。遵守展览会礼仪不仅能够提升个人和公司的形象，还能有效促进业务交流和合作。

一、展览会的含义

展览会作为一种常见的商务活动，其核心在于通过多样化的展示手段，如实物、详尽的文字说明、生动的图片、精确的模型、动态的幻灯演示、高清的录像资料等，来全面展现成果并塑造良好的企业形象。举办成功的展览会，不仅能够吸引公众的广泛关注，还能够加强与公众之间的交流与互动，进而树立起企业积极正面的形象。以上海书展为例，它正是通过这样一系列精心策划的展示活动，实现了上述多重目标，如图 5-5 所示。

图 5-5　上海书展

二、展览会的特点和类型

（一）展览会的特点

1．直观性

展览会以其直观、形象的传播方式著称，通过实物展示，直接呈现于公众眼前，使公众获得真实而深刻的体验。

2．多样性

展览会融合了多种传播手段，以实物展出为核心，辅以文字、图片、录像、动画等多种媒介，并结合解说、交谈、音乐及造型艺术，营造出强烈的感染力和吸引力。

3．双向性

展览会为企业与公众搭建了直接沟通的桥梁，既展示了企业形象，又收集了公众反馈，实现了信息的双向流通和互动。

4．高效性

展览会能够一次性展示多个行业的产品或同一行业的多个品牌，有效节省了时间和费用，是一种高效的信息传递和沟通方式。

（二）展览会的类型

1．内容分类

根据展览内容的不同，展览会可分为综合性展览和专项展览。综合性展览一般综合性强、规模大、影响大、往往按行业划分展区；专项展览则围绕特定项目、专业或专题进行，主题鲜明且内容集中。

2．性质分类

依据展览的性质，展览会可划分为贸易性展览会和宣传性展览会。贸易性展览会旨在通过实物广告促进产品销售；宣传性展览会主要以宣传为目的，能够向外界介绍、推广参展企业的实力、成就、理念。

3．规模分类

根据展览规模的大小，展览会可分为大型、小型和微型三种。大型展览会参展企业多，展览面积大，参展项目多且技术要求高，对行业和地区经济有较大的推动作用；小型展览会往往规模适中，专注于某一特定的行业或领域；微型展览会通常围绕一个具体的产品或服务，成本较低，灵活性高。

4．地点分类

根据展览会的举办地点，可分为室内展览会和露天展览会。

5．时间分类

按照展览时间的长短，展览会可分为长期性展览、周期性展览和一次性展览。

三、展览会的组织与实施

1．确立展览会的核心主题，明确其举办目的，并据此设定恰当的展览方式与接待流程。

2．任命展览会总指挥，并规划展览的基本架构与布局。

3．认真筛选参展企业及其参展项目。

4．明确展览会的时间与地点，以确保活动顺利进行。

5．预估参观人员的类型与数量，以便做好相应的准备与安排。

6．搜集并筛选与展览主题紧密相关的资料与实物展品。

7．设立专门的对外新闻发布与接待小组，负责实施新闻宣传工作与提供服务工作。

8．对参展工作人员进行专业培训，以确保他们能够胜任各自的工作职责。

9．合理规划展览会的经费预算，确保活动资金的有效利用与管理。

10．准备展览会纪念品，以加深参观人员对展览会的印象。

11．精心筹划与组织开幕仪式，为展览会营造隆重而热烈的氛围。

四、展览会的礼仪要求

（一）展览会前期的礼仪筹备

1．明确展览目标

参展企业在筹备展览会之际，首先要明确展览的核心目标，旨在提升品牌的市场认知度、推广新上市的系列产品，或是寻求潜在的商业合作伙伴等。

2．深入了解展览信息

参展企业应预先掌握展览会的主题内容、整体规模、观众群体画像等关键信息，以便更加精准地融入展览环境，加强与各方的有效互动与交流。

3．精心策划展位布置

展位作为参展企业在展览会中的首要展示窗口，其布置设计应充分展现企业的品牌形象与文化底蕴，以吸引参观者的目光并留下深刻印象。

4．认真筹备宣传资料

宣传资料作为企业与参观人员沟通的重要媒介，其内容应详尽且具吸引力，旨在有效传递企业信息，推广特色产品，激发参观人员的兴趣与购买欲望。

5．组织展览人员培训

展览人员是企业与参观人员之间的关键桥梁，其礼仪表现直接关系到企业的整体形象。因此，参展企业应加强对展览人员的礼仪培训，涵盖着装规范、言谈举止、接待技巧等多个方面，以确保他们在展览会中能够展现出最佳的职业素养与形象风貌。如图 5-6 所示，为展览人员应有的专业形象。

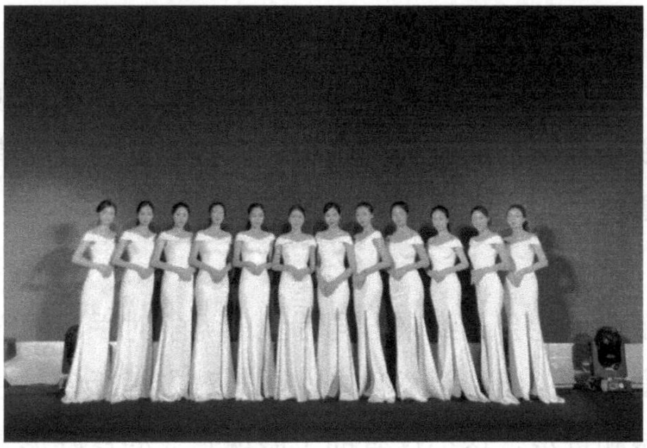

图 5-6　展览人员

（二）展览会中的礼仪规范

1．热情迎客

在展览会期间，展览人员应以热情洋溢、友好亲切的态度，主动迎接每一位到访的观众。通过微笑致意、礼貌问候等方式，积极营造一种温馨和谐、轻松愉快的交流氛围，展现企业的良好形象和服务精神。

2．专业释疑

面对观众的咨询与疑问，展览人员需保持耐心细致的态度，认真倾听并准确解答。在解答过程中，应展现出深厚的专业知识储备和严谨的服务态度，确保信息传递得清晰、准确和礼貌。同时，避免使用模糊或可能引起误解的表述，以防止观众产生不满或疑惑。专业释疑如图 5-7 所示。

图 5-7　专业释疑

3．主动导览

在深入了解观众需求的基础上，展览人员应积极主动地引导观众参观展位，详细介绍企业的产品、技术和服务。在引导过程中，需保持步伐稳健、手势得体，并注重与观众的互动和交流，以增强观众的参与感和满意度。

4. 维护秩序

展览会期间，展位前可能会聚集大量观众。为确保展览活动的顺利进行，展览工作人员需时刻关注现场秩序和安全状况。通过合理的引导和提示，使观众有序参观和交流，避免发生拥挤、混乱等不安全情况。

5. 尊重同行

在展览会上，参展企业可能会遇到来自同行业的竞争对手。面对竞争对手时，参展人员应保持尊重、友好的态度，避免出现恶意攻击、贬低对方等行为。通过正当的竞争和交流，共同推动行业的健康发展和进步。这不仅有助于展现企业的良好形象和风范，还有助于构建和谐稳定的行业生态。

（三）展览会后的礼仪跟进

1. 资料整理与反馈收集

展览会圆满结束后，参展企业应立即着手整理所收集的名片、信息资料等，确保信息的完整性和准确性，为后续跟进与联系工作奠定坚实基础。同时，企业需对展览会的效果进行全面评估，收集参展人员、合作伙伴的反馈意见，总结经验教训，为未来组织展览会提供宝贵参考。

2. 表达感谢与回访沟通

对于在展览会期间给予帮助和支持的主办方、合作伙伴等，参展企业应表示诚挚的感谢。通过电话、邮件等正式沟通渠道进行回访，深入了解他们的需求和意见，以进一步巩固和深化双方的合作关系。

3. 持续跟进与合作拓展

展览会虽已落幕，但商务合作的步伐不应停歇。参展企业应保持与潜在客户的密切联系，持续跟进合作项目的进展，推动项目早日落地实施。同时，企业还需密切关注行业发展趋势和市场需求变化，积极寻求新的合作领域和机会，不断拓展业务版图。

五、展览会礼仪的注意事项

（一）强调形象塑造的重要性

在展览会中，参展企业的形象十分重要，其影响力不容忽视。参展企业需精心打造并维护自身形象，以吸引潜在客户的关注并提升市场竞争力。

（二）严格遵守展览规定

参展企业应秉持高度的责任感和严谨的态度，严格遵守展览会所制定的各项规则与要求。这包括但不限于确保参展时间的准确无误、遵循布展标准以及按时执行撤展计划等，以确保展览会的顺利进行并维护良好的展会秩序。

（三）尊重并适应文化差异

在跨国或跨地区的展览会中，参展人员需具备跨文化交流的能力，充分认识到不同文化背景的参观人员及潜在合作伙伴可能存在的差异。企业应尊重并适应这些差异，以更加开放和包容的心态进行交流和合作。

（四）加强知识产权保护

展览会期间所展示的产品、技术及相关服务往往涉及众多的知识产权。为确保活动的顺利进行并维护各方的合法权益，参展企业应高度重视知识产权的保护工作。企业应建立健全的知识产权保护机制，加强内部管理和培训，谨防任何涉及侵权的行为发生。

任务 4　记者招待会礼仪

在现代商业领域，记者招待会作为关键的公共关系活动形式，可以为企业、政府机构或其他组织向公众传递信息、解读政策、澄清误解及构建形象。此类活动中，礼仪的规范与恰当展现，不仅是主办方专业能力和文化底蕴的直接体现，更深刻影响着信息传递的成效及公众对主办方的整体评价。

一、记者招待会的定义及特点

（一）记者招待会的定义

记者招待会，正式称为新闻发布会，是专为新闻媒体记者所组织的专业会议。此类会议是由政府、企业、社会组织等机构向外界发布、解释和回答记者提问的一种公关活动。作为一种主动向公众传递相关信息的有效手段，记者招待会有助于促进新闻媒体对企业或活动进行客观、公正的报道，如图 5-8 所示。

图 5-8　新闻发布会

（二）记者招待会的特点

记者招待会的特点主要包括以下几个方面。

1．正规且隆重，通常具备较高的规格。

2．允许记者根据自身兴趣点进行提问，从而深入挖掘新闻内容，使其在深度和广度上相较于其他发布方式更为灵活。记者采访的场景如图 5-9 所示。

图 5-9　记者采访

3．相较于其他新闻发布方式，记者招待会需要占用组织者更多的时间。

4．所需的成本相对较高。

5．对发言人和主持人的综合素质提出了较高的要求。

二、举办记者招待会的条件

1．当企业有需面向社会公众公布的特别新闻时，将采取记者招待会的形式进行发布并深入阐述。

2．为增强企业的社会影响力，针对其重要纪念日或庆祝日，企业倾向于利用记者招待会扩大宣传，提升企业的知名度。

3．为确保企业重大经济信息的及时、准确传播，企业将组织相应的发布活动。

4．企业需在确保自身具备举办记者招待会所需的经济实力的前提下，方可考虑此类活动的组织与实施。

5．当企业有举办记者招待会的紧迫性需求时，即若不及时举行此会议，可能导致企业遭受重大损失或错失扩大品牌影响力的良机，企业将迅速行动，组织相关活动。

三、记者招待会的礼仪要求

（一）记者招待会前期的礼仪筹备

1．确定会议的主题和目的。

2．选择适宜的时间与地点，确保会议顺利进行。

3．准备会议所需的各项资料，以备不时之需。

4．选择合适的媒体渠道，并提前发出邀请。

5．对会场进行周密布置，营造严肃而有序的氛围。

6．安排工作人员，确定主持人、发言人，并安排好摄影、音响设备、现场秩序维护，以确保会议流程顺畅无误。

（二）记者招待会过程中的礼仪表现

1．会议应按照预定时间准时开始，并在规定时间内结束。

2．维持会场秩序井然，确保会议高效有序进行。

3．发言时需注意言辞恰当与态度诚恳，以赢得与会者的尊重与信任。

4．坦诚面对媒体提问，积极回应，展现开放真诚的姿态。

5．注重个人形象的塑造，以专业、严谨的形象示人。

（三）记者招待会结束后的礼仪跟进

1．整理会议记录，确保信息准确无误，为后续工作提供有力支持。

2．及时发布新闻稿，向公众传递会议内容与成果。

3．向与会人员表示诚挚感谢，肯定其贡献与努力。

4．对会议效果进行全面评估，总结经验教训，为今后工作提供参考与借鉴。

四、关于记者招待会礼仪的注意事项

（一）尊重媒体记者

在记者招待会中，媒体记者是信息的传递者，也是公众舆论的引导者，因此，我们需充分准备，以开放态度真诚回答问题，尊重每个记者的提问权利，避免表现出不耐烦或轻视。

（二）注重言行一致

在回答记者提问时，我们的回答应当真实、准确、全面，避免出现言行不一的情况。这不仅能够增强公众对我们的信任，也是我们作为官方代表应有的责任。

（三）严格遵守保密规定

在记者招待会中，可能涉及一些敏感或涉密的信息。我们必须严格遵守相关的保密规定，不得随意泄露相关信息，应礼貌说明原因，以免造成不必要的损失或影响。

（四）灵活应对突发情况

记者招待会是一个公开、透明的场合，可能会出现各种突发情况。我们需要保持冷静、理性，灵活应对各种突发情况，确保记者招待会的顺利进行。

价值导向教学案例

商务活动礼仪中尊重文化差异

案例背景

在一次国际商业论坛中，来自不同国家的商务代表齐聚一堂，共同探讨商业合作与发展。论坛期间，主办方安排了一场商务晚宴，旨在加深各国代表间的了解与友谊。

案例描述

晚宴开始前，主办方按照国际惯例进行了座位安排，并准备了精美的菜单。然而，在晚宴进行过程中，却出现了一些小插曲。由于文化差异，主办方未能提前了解来自中东地区的代表B先生的餐饮禁忌，而B先生又因为语言障碍无法准确表达自己的需求。结果，B先生面对眼前的食物无法下筷，场面一度尴尬。

此时，主办方的工作人员及时发现了这一问题，并主动上前询问B先生的需求。在得知B先生的餐饮禁忌后，工作人员迅速为其调整了菜品，并耐心解释了晚宴中的其他礼仪细节。这一举动不仅化解了尴尬，还让B先生感受到了主办方的尊重与关怀。

案例分析

这个案例充分体现了商务活动礼仪中尊重文化差异的重要性。在商务活动中，我们不仅要遵循国际惯例和礼仪规范，更要关注不同文化背景下的个体差异和需求。只有这样，我们才能真正做到尊重他人、理解他人，进而建立起良好的人际关系和合作基础。

同时，这个案例也提醒我们在商务活动中要注重细节、关注个体差异。无论是座位安排、菜品选择还是语言沟通，都需要我们用心去思考、去准备。只有这样，我们才能确保每一名参与人员都能感受到尊重与关怀，共同推动商业合作与发展。

案例启示

在商务活动中，要充分了解并尊重不同文化背景下的礼仪习俗和个体差异。这既是对他人的尊重，也是对自己的尊重。

注重细节、关注个体差异是商务活动中的重要一课。只有用心去思考、去准备，才能确保每一名参与人员都能感受到尊重与关怀。

作为商务人员，我们应该不断提升自己的跨文化沟通能力和人际交往能力。只有这样，我们才能更好地适应不同商务环境的要求，展现出最佳的商务形象和交往能力。

礼仪故事

孔融让梨

孔融小时候就懂得谦让，他把大梨让给哥哥们吃，自己只选择最小的梨吃。他的父亲问他为什么这样做，他回答说：“我年纪小，应该吃小的梨，大的梨应该给哥哥们吃。”这个故事虽然主要讲的是谦让的美德，但也体现了孔融对长辈和兄长们的尊重和礼貌。

知识巩固

一、选择题

1.【单选】商务人员在促销前的准备工作中，以下哪项不是必须了解的顾客信息？（　　）

A．顾客所在国家和地区的文化背景

B．顾客的个人特征，如职业和文化修养

C．顾客的购物历史记录

D．顾客的性格和爱好

2.【单选】在促销活动中，商务人员应如何对待顾客的咨询？（　　）

A．忽略顾客的咨询，继续自己的工作

B．粗略回答，尽快结束对话

C．展现高度的耐心与专注，认真倾听并细致解答

D．只回答简单问题，复杂问题建议顾客自行上网查询

二、判断题

1．在商务谈判中，谈判人员应始终保持强硬姿态，以显示立场坚定。（　　）

2．在商务谈判中，谈判人员应提前到达谈判地点，做好充分准备，以表达对对方的尊重并营造良好的谈判氛围。（　　）

三、问答题

1．礼仪在商务谈判中有什么作用？

礼仪实训

一、实训目的

（一）旨在深化学生对商务活动礼仪的理解与应用能力。

（二）提升学生在商务环境中的自信心与有效表达能力。

（三）培育学生的团队合作精神及良好的职业素养。

二、实训内容

（一）促销活动礼仪实训

学习如何在促销活动中恰当地与顾客沟通，展示产品，以及如何处理顾客的疑问和异议。

（二）商务谈判礼仪实训

掌握商务谈判中的基本礼仪，包括着装、言谈举止、会议安排、文件准备等。

（三）展览会礼仪实训

了解展览会的筹备工作，包括展位设计、展品摆放、接待礼仪以及与参观者的互动技巧。

（四）记者招待会礼仪实训

学习如何组织和主持记者招待会，包括发言稿的撰写、媒体沟通、危机应对等。

三、实训方法

（一）采用角色扮演法，学生分组模拟商务活动场景，实践礼仪规范。

（二）通过案例分析，探讨真实商务活动中的礼仪得失，总结经验教训。

（三）鼓励互动讨论，学生提问、分享经验，共同解决问题以提升实训效果。

（四）利用视频教学手段，展示标准礼仪动作与用语供学生学习。

四、实训评估

（一）自我评估：学生需对自己的表现进行反思与评价。

（二）小组评估：小组成员间相互评价并提出改进建议。

（三）教师评估：教师对学生表现进行点评与指导。

五、实训总结

本次实训使学生对商务活动礼仪有了更为深刻的理解与应用能力，有效提升了学生在商务场合中的自信心与表达能力，并培养了其团队协作精神和职业素养。期望学生能将所学知识应用于实际工作中，不断提升个人职业形象与专业能力。

项目六

商务仪式礼仪

项目导读

商务仪式礼仪，承载着展现企业形象、文化内涵及商业价值的重任。在复杂多变的商业环境中，商务仪式已超越形式范畴，成为深刻反映企业商务文化的载体。无论是盛大的开业典礼、庄重的剪彩仪式，还是严谨的签约仪式，抑或是隆重的庆典活动，每一个细微之处均彰显着企业的专业精神与卓越品质，为未来的商业合作奠定坚实基础。

本项目旨在深入剖析商务仪式的内在奥秘，引导读者细致探索其中蕴含的礼仪精髓。通过系统学习，读者将全面把握商务仪式的重要性，掌握各类商务仪式的策划、组织及执行策略，为企业的商业活动增添风采与魅力。

综上所述，本项目致力于为读者提供全面而系统的商务仪式知识框架，强化其礼仪素养与表现能力。通过遵循商务仪式礼仪的规范与技巧，企业不仅能够为商业仪式增添独特魅力，更能在提升整体形象与品牌价值方面取得显著成效。面对日益激烈的商业竞争，那些高度重视礼仪修养、擅长策划与执行商务仪式的企业与个人，更容易脱颖而出，赢得最终的成功。商务仪式现场如图 6-1 所示。

图 6-1　商务仪式现场

学习目标

知识目标

1. 掌握商务仪式的基本概念、分类及其在商务活动中的重要性。
2. 了解各类商务仪式的具体流程、礼仪规范和相关注意事项。
3. 认识不同文化背景下商务仪式的差异及其背后的文化内涵。
4. 学习如何策划、组织和实施一场商务仪式。

能力目标

1. 独立策划并组织一场符合礼仪规范的商务仪式。
2. 在商务仪式中展现得体的言谈举止和专业的形象。
3. 有效沟通与协调，确保商务仪式的顺利进行。
4. 灵活应对商务仪式中的突发情况，展现出色的应变能力。

素质目标

1. 培养学生尊重他人、注重细节的职业素养。
2. 加强跨文化沟通和团队协作的能力。
3. 践行严谨、认真的工作态度。
4. 塑造追求卓越、不断提升自我的精神品质。

引导案例

奥运会开幕式的商务仪式礼仪

奥运会作为全球最大的体育盛事，其开幕式不仅是一场体育盛宴，更是一次国际商务仪式礼仪的展示。历届奥运会开幕式都吸引了全球众多国家和地区的代表、赞助商和媒体参与，因此，开幕式上的商务仪式礼仪尤为重要。

以 2008 年北京奥运会开幕式为例，这场盛大的仪式展现了中国深厚的文化底蕴和精湛的礼仪传统。在开幕式上，各国代表团按照英文字母顺序入场，体现了平等和尊重的国际准则。中国作为东道主，最后入场，展示了中国的自信和风度。入场仪式中，各国代表团的旗帜、服装和步伐都经过精心设计和排练，彰显了各自国家的特色和风采。

在开幕式的过程中，还举行了一系列具有象征意义的仪式，如升国旗、奏国歌、点燃奥运圣火等。这些仪式都遵循了国际奥委会的规定和惯例，体现了对奥林匹克精神的尊重和传承。同时，中国还巧妙地将传统文化元素融入其中，如书法、造纸术等，让世界各地的观众在欣赏精彩演出的同时，也感受到了中国文化的魅力。

此外，在开幕式的筹备过程中，中国还与国际奥委会、各国代表团和赞助商进行了广泛的沟通和协作。从场地布置、座位安排到接待服务，都充分考虑了各方的需求和期望，确保了开幕式的顺利进行和良好效果。这种注重沟通、协作和尊重的商务仪式礼仪，为北京奥运会的成功举办奠定了坚实基础。

这个案例展示了商务仪式礼仪在大型国际活动中的重要性和魅力。对于现代的商务人员来说，学习和借鉴奥运会开幕式中的商务仪式礼仪，有助于提升自己在商务活动中的专业素养和综合素质。同时，通过了解不同文化背景下的商务仪式礼仪，也可以增进对不同文化的理解和尊重，为跨国商务合作打下良好的基础。北京奥运会开幕式如图 6-2 所示。

图 6-2 北京奥运会开幕式

【思考】

在商务活动中，如何有效地运用奥运会开幕式中的商务仪式礼仪原则，以提升国际商务合作的效率？

知识讲堂

任务 1 商务仪式

商务仪式指商务交往中为吸引关注、表达诚意、彰显尊重及深化联系而举办的活动。此类活动是展示企业形象、品牌形象及企业家形象的关键时机，通过规范化的仪式，传递企业文化、价值观及理念，提升企业在公众中的形象。同时，商务仪式也是商务活动中促进合作、加强沟通及建立信任的关键环节，有助于激发员工、提升士气及增强团队凝聚力。在商务仪式中，参与人员扮演不同角色，明确自身在商务活动中的地位与职责，以更好地履行责任与义务。此外，商务仪式遵循特定礼仪、程序及规范，展现专业素养及尊重他人之态度，有助于维护秩序、加强联系与沟通，并为企业带来商机及促进其发展。

一、商务仪式的作用

在商业领域中，我们经常会遇到需要组织一系列正式的仪式活动的情况，这些活动包括但不限于签约仪式、开业仪式以及剪彩仪式等。对于每一个特定的商业事务，我们都需要精心策划并执行一场氛围热烈且庄重的仪式，这不仅彰显了企业对该活动的高度重视，同时也是一种积极的宣传手段。通过这样的仪式，我们可以有效地拓宽企业的影响力，进一步提升企业的社会知名度。以下是一个商务仪式的示例，如图 6-3 所示。

图 6-3　商务仪式示例

在策划和组织这些商业仪式时，我们通常会考虑到活动的每一个细节，以确保活动的顺利进行。这包括场地的选择、活动流程的设计、参与人员的邀请，以及活动当天的执行等。每一个环节都需要经过周密的计划和安排，以确保活动能够顺利进行，同时达到预期的效果。精心策划的仪式不仅能够给参与人员留下深刻的印象，还能够通过媒体的报道，将企业的形象和品牌信息传递给更广泛的受众。

二、商务仪式的种类

商务仪式涵盖了多个方面，包括但不限于开业仪式、剪彩仪式、签字仪式、商务宴请及舞会等正式场合。此外，商务仪式还包括颁奖仪式、庆典仪式、新品发布会、商务洽谈会、商务论坛、商务考察等多种内容。这些仪式和场合都是商务活动中不可或缺的一部分，它们有助于加强商务关系，提升企业形象，以及促进商务合作。

任务2 开业仪式

在商业范畴内，任何机构的创立与启动运营，以及该机构所承担的项目或工程的圆满竣工与正式落成，诸如企业的正式成立、商业店铺的盛大开业、分支机构的启动、办公大楼的竣工庆典、新桥梁的通车仪式，以及新船舶的下水典礼等，均构成了极具意义且值得隆重纪念的成就。这些标志性的成功事件，鉴于其实现的艰辛历程与所彰显的显著进步与发展，历来备受商界各界的深切重视与高度关注。如图 6-4 所示，是开业仪式的场景开业大吉的场景正是此类庆典活动的典型体现。

图 6-4 开业仪式

一、开业仪式的意义

开业仪式，即在单位创立、开业、项目竣工、落成、建筑物正式启用或工程正式启动时，为表达庆贺与纪念之情，依照既定程序隆重举办的专门性庆典活动。有时，此类活动亦称之为开业典礼。

（一）树立形象

开业仪式的首要作用在于塑造企业良好形象，提升企业知名度，从而增强市场竞争力。

（二）扩大影响力

开业仪式有助于扩大企业的社会影响力，吸引社会各界的关注与支持，为企业的后续发展奠定坚实的社会基础。

（三）宣传与推广

通过开业仪式，企业可广泛传播自身的建立或成就，展示企业实力与文化以此吸引顾客，提升品牌知名度促进业务增长。

（四）吸引投资与合作

开业仪式可吸引潜在投资者与合作伙伴的关注，拓宽业务合作渠道，为双方未来的合作奠定坚实的信任基础。

（五）凝聚人心

开业仪式能够增强企业全体员工的归属感与责任感，为企业的发展创造一个积极向上的开端，提升团队凝聚力，开启一个新的发展篇章。

二、筹备开业仪式的原则

开业仪式虽然进行的时间并不长，但要想在有限的时间内营造出热烈的现场气氛，并确保活动取得圆满成功，绝对不是一件轻松的事情。为了确保开业仪式的顺利进行，筹备工作必须遵循三个重要的指导原则：热烈、节俭和缜密。

首先，所谓的“热烈”，是指在开业仪式的整个过程中，主办方需要想尽一切办法营造出一种欢快、喜庆、隆重、令人激动的氛围。这不仅仅是为了让现场的气氛更加活跃，更是为了避免让整个开业仪式显得过于沉闷和乏味。通过精心设计的节目、热情洋溢的致辞以及欢快的音乐，可以有效地调动现场观众的情绪，使他们感受到开业的喜悦和激动。

其次，所谓的“节俭”，则是要求主办方在筹备和举办开业仪式的过程中，需要合理控制成本。这意味着在经费的支出方面，主办方需要量力而行，合理安排预算，避免浪费。在选择场地、布置会场、准备礼品等方面，都应该本着性价比高、实用的原则，坚决反对任何形式的铺张浪费。通过合理控制成本，主办方可以在确保仪式质量的前提下，节约开支。

最后，所谓的“缜密”，是指主办方在筹备开业仪式的过程中，必须做到认真策划、注重细节、分工明确、一丝不苟。这意味着主办方需要在遵循礼仪惯例的同时，根据具体情况具体分析，制订出详细而周密的计划。从邀请嘉宾、安排流程到现场布置、安全保障等各个环节，都需要经过精心的策划和周密的安排，确保开业仪式的每一个环节都能顺利进行，达到预期的效果。

三、开业仪式的筹备工作

为了确保开业仪式的顺利进行，筹备工作需要按照一定的步骤进行，以下是具体的筹备步骤。

（一）制订详细的筹备计划

筹备计划是整个开业仪式的蓝图，需要明确活动的目标、主题、时间、地点、预算以及参与人员等关键信息。计划中还应包括活动流程、节目安排、场地布置、礼品准备等具体事项。筹备计划的制订应充分考虑各种可能的情况，确保在任何情况下都能顺利进行。

（二）邀请嘉宾

嘉宾的邀请是开业仪式筹备工作的重要环节，需要根据活动的规模和性质，邀请相关领导、合作伙伴、行业专家、媒体记者等重要嘉宾。邀请函的制作要体现出对嘉宾的尊重和重视，同时要提前与嘉宾确认出席时间，确保他们能够准时参加。

（三）场地布置和设备准备

场地布置要与开业仪式的主题相契合，营造出热烈、喜庆的氛围。同时，要确保音响、灯光、舞台等设备的正常运行，避免在活动过程中出现技术故障。此外，还要考虑到现场的安全问题，确保消防通道畅通、紧急出口标识明显等。

（四）节目安排和现场管理

节目安排要丰富多彩，既有热烈的舞蹈、歌曲表演，又有精彩的互动环节，让现场气氛始终保持高涨。现场管理则需要明确分工，设立专门的接待组、安保组、后勤组等，确保各个环节的顺利进行。

四、开业庆典的礼仪规范

（一）着装要求

参与人员应着正装出席，以体现仪式的正式性与庄重性。

（二）言行举止

保持文明礼貌，遵守公共秩序，展现良好的职业素养与企业形象。

（三）遵守秩序

按照活动安排有序进行，确保庆典活动顺利进行。

（四）尊重他人

尊重每一位参与庆典的嘉宾与观众，展现企业的包容与尊重。

五、开业庆典的后续工作

（一）媒体宣传

通过媒体渠道发布开业仪式盛况，进一步扩大企业影响力。

（二）客户回访

对参与开业仪式的嘉宾与参与人员进行回访，收集反馈意见，不断改进服务质量。

（三）总结经验

对开业仪式进行全面总结，总结成功经验与不足之处，为未来活动提供参考。

任务 3 签字仪式、剪彩仪式与舞会

一、签字仪式

在商务交往的实践中，虽然君子协定与口头承诺在特定情境下能够发挥一定的作用，然而，为了更加稳固地建立信任关系，并确保与客户的交流更为顺畅与高效，依赖文字性的条款合同显得更加重要。这些合同不仅明确规定了双方的权利与义务，还提供了法律上的保障，从而更有效地保护双方合法权益。

签字仪式，即合同正式签署的仪式，是双方或多方达成协议并予以确认的重要环节。

（一）签字仪式的准备工作

为确保签字仪式的顺利进行，应提前完成以下准备工作。

1. 明确仪式的时间与地点，确保所有参与人员能够准时到达。
2. 精心策划并邀请相关嘉宾，包括重要合作伙伴、见证人等。
3. 准备签字仪式所需的正式文本，确保内容准确无误。
4. 对签字厅进行精心布置，营造庄重、和谐的氛围。

（二）签字仪式的流程

签字仪式一般遵循以下流程。

1. 仪式正式开始，主持人宣布仪式开始并介绍仪式背景。
2. 介绍到场嘉宾，对重要嘉宾表示热烈欢迎和诚挚感谢。
3. 致辞环节，通常由主办方代表或重要嘉宾发表讲话，阐述合作的意义及未来展望。
4. 进入签字环节，各方代表在正式文本上签字，标志着合作的正式确立。
5. 签字后，进行文本交换仪式，以示相互信任和尊重。
6. 组织合影留念，记录下这一重要时刻。

（三）签字仪式的礼仪规范

在签字仪式中，参与人员需遵守以下礼仪规范。

1. 着装整洁，以体现对仪式的尊重和重视。
2. 保持安静，避免在仪式过程中喧哗或打扰他人。
3. 尊重他人，包括嘉宾、合作伙伴及工作人员等，展现良好的职业素养。
4. 注意言谈举止，避免不当言论或行为对仪式造成不良影响。

二、剪彩仪式

剪彩仪式作为一项庄重且盛大的庆典活动，其目的在于隆重纪念公司设立、企业开业、商店开张、展销会开幕等标志性时刻。此仪式作为一项正式且富有礼仪性的程序，通过一系列策划与组织，向公众展示相关单位的荣耀时刻。图 6-5 具体呈现了剪彩仪式的场景。

图 6-5　剪彩仪式

（一）剪彩仪式的筹备工作

1．明确剪彩仪式的具体时间安排与地点选择。

2．邀请并确认出席的重要嘉宾。

3．准备齐全且符合礼仪要求的剪彩仪式所需用品。

4．对仪式现场进行细致布置，营造庄重而热烈的氛围。

（二）剪彩仪式的进行流程

1．仪式正式拉开帷幕。

2．逐一介绍出席的嘉宾，以示尊重与欢迎。

3．相关代表发表致辞，分享喜悦与期待。

4．进行剪彩环节，标志着庆典活动的正式开启。

5．安排嘉宾参观并开展互动交流，加深了解与合作。

（三）剪彩仪式的礼仪准则

1．全体参与人员应着装整洁得体，展现良好形象。

2．在仪式进行过程中保持安静，避免干扰仪式秩序。

3．尊重每一位嘉宾与参与人员，展现友好与包容。

4．注意个人言谈举止，符合礼仪规范与场合要求。

三、舞会

舞会作为商务场合中一项重要且独特的社交活动，具有其特定的行为准则与礼节要求。以下是对舞会礼仪的全面阐述，旨在确保每位参与人员能以恰当的方式展现自身风采，并共同维护舞会的和谐氛围。图 6-6 具体呈现了舞会的场景。

图 6-6　舞会现场

（一）舞会前的礼仪筹办

1．仪容仪表

参与人员应提前整理个人形象，确保头发、面部及手部等细节整洁干净，以体现对舞会的尊重与重视。

2．服装选择

根据舞会的具体主题与要求，精心挑选合适的服装，以展现个人品位与舞会氛围相契合。

（二）舞会进行中的礼仪规范

1．邀请与应邀

舞会中，男士应主动承担起邀请女士共舞的责任，展现绅士风度；而女士则应优雅地接受邀请，共同享受舞蹈的乐趣。

2．舞姿要求

在跳舞过程中，双方应保持优雅的舞姿与姿态，以展现对舞蹈艺术的尊重与热爱。

3．交谈礼仪

舞会不仅是舞蹈艺术的盛宴，也是拓展社交的平台。参与人员可在适当的时机与舞伴或其他参与人员进行交谈，但需注意控制音量与话题，避免打扰他人。

4．尊重原则

在舞会中，每位参与人员都应尊重他人的意愿与感受，避免任何形式的冒犯或冲突。

（三）舞会结束后的礼仪事项

1．致谢与告别

舞会结束后，参与人员应向舞伴及其他参与人员表示诚挚的感谢，并礼貌地告别，以留下美好的印象。

2．后续联系

若在舞会中结识了志同道合的朋友或建立了良好的关系，参与人员可考虑在舞会后通过电话或邮件等方式保持联系，进一步加深彼此之间的了解与友谊。

任务4 商务宴请礼仪

一、宴请的定义及其基本原则

宴请，作为一种有组织、有规范礼仪要求的群体性商务活动，是社交互动中不可或缺的组成部分，旨在促进友谊、加深情感交流。其根本性质决定了它在人际交往中的独特地位和价值。现代宴请礼仪的核心在于遵循“4 M 原则”，这一原则全面指导了宴请活动的筹备与执行，如图 6-7 所示。

图 6-7 商务宴请

“4 M 原则”具体涵盖以下四个方面。

（一）Menu（菜单设计）

在选择菜单时，应充分尊重并考虑宾客的口味偏好、饮食习惯及文化背景，确保所选菜品既符合宾客的期望，又避免触发食物过敏或触及宗教禁忌，从而体现组织人员的细致关怀与尊重。

（二）Manner（举止礼仪）

在宴请过程中，组织人员与宾客均应展现出得体的举止与礼貌的言谈，严格遵守餐桌礼仪的规范，共同营造一个文明、和谐的用餐环境。

（三）Music（音乐氛围）

适当的音乐选择对于营造宴请氛围十分重要，它能够有效调节现场气氛，使宾客在轻松愉快的旋律中享受用餐时光，提升宴请的整体品质与体验。

（四）Mode（环境营造）

宴请的成功与否，很大程度上取决于其氛围的营造。一个和谐、融洽的气氛能够让宾客感受到宾至如归的温暖与舒适，进一步加深彼此的情感联系。

遵循“4M 原则”是确保宴请活动顺利进行、宾主尽欢的关键所在。它不仅体现了组织人员的周到安排与热情款待，更彰显了宴请作为一种社交形式的独特魅力与价值。

二、宴请的形式分类

宴请活动依据礼仪规范的档次差异，可明确划分为正式宴会与便宴两大类别。其中，便宴依据其组织形式的特性，可进一步细分为家宴、冷餐会、茶会等多种具体形式。

（一）正式宴会

正式宴会，是指遵循既定规格精心布置的宴席，对参与人员及宴会期间的礼仪规范均有明确且严格的要求，如图 6-8 所示。此类宴会需预先细致规划座位安排，并配备座位卡以确保秩序；餐具选用考究，彰显尊贵；服务员采用大托盘上菜方式，鼓励宾客自行取用；正式宴会多定于晚间举行，偶有午间安排，部分场合还对宾客着装有所要求。受邀宾客数量以双数为宜，通常邀请夫妇共同出席；单身宾客则可携异性伴侣或单独赴约。宴会期间，常设有正式的致辞环节，以增添庆典氛围。

图 6-8　正式宴会

（二）便宴

便宴，作为一种非正式的宴会形式，其安排相对简洁明了。通常，此类宴会并不预先设定座位排序，以营造轻松自在的氛围。同时，对于参与人员的服饰亦无严苛要求，旨在促进宾客间的交流与亲近。至于菜肴的数量与饮品种类，则可依据主人的实际情况与宾客的个人喜好灵活调整，如图 6-9 所示。

图 6-9 便宴

1．家宴

家宴，通常在私宅之中设宴以款待宾客。此类宴会多由家庭主妇亲自掌勺烹饪，全家上下共同招待，以表达对客人的诚挚欢迎与热情款待。

2．冷餐会

冷餐会，是以自助餐形式的招待聚会，宾客可自由选取各式佳肴，享受轻松愉悦的用餐氛围。

3．茶会

茶会，作为一种更为简约且雅致的招待方式，通常仅邀请数位至亲好友参与，其氛围相较于其他便宴而言，更显清新脱俗。茶会的时间选择灵活，既可在晨光初照的上午，亦可在日影西斜的下午举行，且活动时长一般控制在一至两个小时。

三、宴请的礼仪规范

（一）宴请筹备工作

1．明确宴请的目的、受邀对象、参与范围及具体形式。

2．精心挑选适宜的宴请地点，以符合商务氛围及双方需求。

3．细致规划菜单与饮品的搭配，确保满足宾客口味及商务礼仪要求。

（二）宴请过程中的礼仪

1．热情迎接宾客，展现出友好与尊重的态度。

2．引导宾客按序入座，确保座次安排得当。

3．用餐期间，遵循餐桌礼仪，展现个人修养与风度。

4．积极交流，适时讨论商务话题，增进双方了解与合作。

（三）宴请结束后的礼仪跟进

1．礼貌送客，表达感谢与期待再次相聚的意愿。

2．保持后续联系，巩固商务关系，为未来的合作奠定坚实基础。

价值导向教学案例

商务仪式中的文化建设

案例背景

某企业为庆祝其成立二十周年纪念日，决定举办一场庄重而盛大的庆典仪式。此次庆典仪式不仅诚邀了企业内部全体员工，还特别邀请了众多尊贵的合作伙伴及媒体代表，旨在通过这一仪式，全面展现企业在发展历程中所取得的辉煌成就与深厚的文化底蕴。

案例描述

在庆典活动的筹备阶段，企业高层领导高度重视商务仪式礼仪的规范性与严谨性，并特别要求策划团队在庆典中巧妙融入中国传统文化元素，以此彰显企业对于中华优秀传统文化的传承与弘扬。

策划团队积极响应企业领导的号召，经过深入细致的调研与策划，最终决定在庆典仪式中引入传统的舞狮表演、茶艺展示以及书法创作等环节，力求为嘉宾们带来一场视听与文化的双重盛宴。

庆典活动当天，现场布置得既庄重典雅又不失传统韵味，充分展现了企业的文化底蕴与审美追求。舞狮表演作为庆典的开场节目，以其独特的魅力瞬间点燃了现场的热情气氛，如图 6-10 所示。随后，茶艺师们以精湛的技艺为嘉宾们献上了一场别开生面的茶艺表演，让嘉宾们近距离感受到了中国茶文化的博大精深与独特魅力。而书法大师则现场挥毫泼墨，书写了一对对寓意吉祥、富含文化底蕴的对联作品，赢得了在场嘉宾的阵阵欢呼与掌声。

图 6-10　舞狮表演

在整个庆典活动过程中，企业领导与员工均展现出了极高的礼仪素养与专业素养。他们热情周到地接待每一位来宾，精心安排各项活动环节，确保每一位嘉宾都能感受到企业对于他们的尊重与关怀。这种细致入微的服务精神与严谨务实的工作态度不仅赢得了嘉宾们的高度赞誉与认可，也为企业树立了良好的社会形象与口碑。

案例分析

本案例深刻凸显了商务仪式礼仪在企业文化建设中的核心价值。企业通过巧妙地将中国传统文化融入商务仪式之中，不仅彰显了企业深厚的文化底蕴与风貌，更在内部增强了团队的凝聚力，对外则提升了企业的社会影响力。此举不仅体现了企业对传统文化的敬畏之心与传承之责，更是民族自豪感与文化自信的展现。

进一步而言，此案例强调了商务礼仪并非仅仅表现于形式，而是深层次的文化传承与价值彰显。深刻理解并尊重传统文化，巧妙融合于现代商务实践之中，孕育出更为丰富多元的商业文化生态。

案例启示

商务仪式作为企业文化架构的基石，其融入传统文化元素，对于提升企业的文化底蕴与品牌形象具有不可估量的价值。在商务交往中，尊重并发扬中华传统文化，不仅是文化自信与民族自豪感的鲜明体现，更是增进交流、促进合作的重要桥梁。

作为商务领域的从业者，我们应当不断提升自身的文化素养与礼仪修养，更好地肩负起企业形象代言人的角色，推动商业合作的深化与发展。通过本案例的深刻剖析，我们更加清晰地认识到商务仪式礼仪在企业文化建设中的关键作用。展望未来，那些重视礼仪培养、擅长将传统文化精髓与现代商务理念巧妙融合的企业与个人，能够在激烈的市场竞争中脱颖而出，取得长足发展。因此，让我们携手并进，致力于商务仪式礼仪的学习与实践，共同为构建更加和谐美好的商业环境与社会文明进步贡献力量！

礼仪故事

周公吐哺

周公是西周时期著名的政治家、军事家、思想家和教育家。他辅佐周成王治理天下，为周朝的建立和稳固作出了巨大贡献。周公非常注重招揽人才，他担心错过任何一位贤能之人，因此在吃饭时，一旦听说有贤士来访，就会立即停止进食，吐出嘴里的食物，起来接待贤士。这个故事表现了周公对贤士的尊重和珍视，也体现了他的礼貌和谦逊。

知识巩固

一、选择题

1.【单选】开业仪式筹备工作需要遵循的原则不包括以下哪一项？（　　）

A．热烈　　B．节俭　　C．缜密　　D．随意

2.【多选】签字仪式是商业交易、国际协议、重要合同或条约达成共识的最终体现。以下关于签字仪式的描述，哪些是正确的？（　　）

A．签字仪式通常在精心布置的会议室或签约大厅内举行

B．签字仪式中，参与各方代表不需要面对媒体镜头签署文件

C．签字仪式不仅是对文件内容的最终确认，也是对双方或多方之间合作关系的公开承诺

D．签字仪式的每一个细节都经过精心策划，包括签字笔的选择和文件的摆放

二、判断题

1．在宴请过程中，遵循“4M 原则”可以确保活动顺利进行。（　　）

2．正餐前茶会通常在晚餐后举行，并且没有明确的时间限制。（　　）

三、问答题

1．说明签字仪式中的礼仪。

2．说明开业仪式中的礼仪。

四、案例分析题

某国际美术工艺品公司展览会将于 4 月 26 日至 5 月 2 日在某市展览中心举行。展览会筹备小组的秘书专门负责新闻发布会的筹备工作。

请分析：新闻发布会的筹备工作包括哪些？

礼仪实训

【实训背景】

鉴于一家中外合资的服装公司即将在其专卖店举行一场盛大的开业典礼，为了彰显对仪式的重视，公司特别邀请了多位领导和嘉宾参与揭幕仪式。为了确保这一重要活动能够顺利进行，并且能够充分展示公司的良好形象，公司公关部特别承担起了对揭幕仪式礼仪人员进行专业培训的重任。

【实训要求】

1．礼仪人员需要熟练掌握并演示如何以专业、得体的方式引导揭幕嘉宾完成揭幕动作。在这一过程中，他们需要体现出对嘉宾的尊重以及对活动的重视，确保仪式流程顺畅无误。礼仪人员需要在揭幕过程中展现出优雅的举止和专业的态度，以确保整个揭幕仪式能够顺利进行。

2．为了达到上述要求，所有礼仪人员需要在模拟实训室进行反复演练。通过模拟真实场景，使每位礼仪人员都能在实际操作中熟练掌握礼仪规范，为开业典礼的成功举办奠定坚实基础。在模拟实训中，礼仪人员需要反复练习如何引导嘉宾走向揭幕台，如何协助嘉宾进行揭幕动作，以及如何在揭幕过程中保持微笑和优雅的姿态。此外，他们还需要学习如何应对可能出现的突发情况。

反侵权盗版声明

举报电话：（010）88254396；（010）88258888

传　　真：（010）88254397

E-mail:　　dbqq@phei.com.cn

通信地址：北京市万寿路173信箱

　　　　　电子工业出版社总编办公室

邮　　编：100036